はじめての

金利 物価 為替 の 教科書

ファイナンシャル・プランナー 小松 英二 著

ビジネス教育出版社

はじめに

　新聞やテレビなどで金融マーケットのニュースを見聞きする時、大筋理解できるけど「この点の疑問は残る」といったことはありませんか？　金融マーケットでの出来事は、確かに複雑化し、難しくなっています。でも、「市場金利と債券価格は反対方向に動く」や「インフレ率が上昇すると長期金利は短期金利よりも先に上昇する」、「有事の円高が進みにくくなった」など基本原理・事象の理由や背景を知っておくことで、疑問がスッと解消することも少なくありません。

　本書は、「金融マーケットをしっかりと学びたい」といったニーズに応える入門テキストです。金融マーケットのなかでも**「物価」「金利」「為替」**といった3点にフォーカスして、基本的な仕組みや、押さえておきたい知識や基本原理をまとめています。

　「物価」「金利」「為替」の3点を掲げたのは、これらは経済現象の「起点」といえる存在であり、金融マーケットの動向を知るうえで鍵をにぎるからです。以下に、近年の金融マーケットを概観しますので、お読みください。

【2000年代後半から続く低インフレを脱出する世界経済】

- 世界経済は2000年代後半から低インフレを続けてきたが、2021年夏以降インフレ（物価の継続的な上昇）率は急上昇し、世界的なインフレの時代に入った。長くデフレ（物価の継続的な低下）が続いた日本でも、インフレが顕著となっている。

- 2022年前半、米連邦準備制度理事会（FRB）や欧州中央銀行（ECB）など海外中央銀行は、インフレを抑え込むため利上げを開始し、異例なペースで利上げを続けた。その結果、金利を据え置く日本との金利差は急拡大し、貿易収支の赤字なども重なり、2022年4月以降、急激に円安が進んだ。円安により、輸入品価格は相乗的に上昇し、国内物価に波及した。

- 日本銀行は、物価安定の目標を消費者物価の前年比上昇率で2%として、2013年から大規模金融緩和を続けている。物価安定の目標に近づいていくと、大規模金融緩和の方向転換が中心的なテーマとなるか。

金融マーケットを振り返りましたが、気になるのは「日本の物価、金利、そして為替がこれからどうなるか？」ではないでしょうか。日本では、動かない物価や金利が常態化してきましたが、転機に差し掛かっています。

本書は、経済や金融マーケットに関心があり、これから金利や為替について学んでみたい方、経済・金融を学び始めた金融機関の若手行員や会社員の方など、幅広い層を対象にしています。

本書は、9つの章で構成されています。

第1章は、「物価」について解説します。

商品価格の決まり方（基本原理）から始まり、物価が持続的に上昇するインフレーションの発生メカニズム、高インフレに対する資産運用における留意点（インフレ対策）など、物価を包括的・分析的に見ていきます。

典型的なインフレーションには、需要側の要因で起きる「ディマンド・プル・インフレ」と供給側の要因で起きる「コスト・プッシュ・インフレ」がありますが、実は中央銀行の利上げの効き方には際だった違いがあります。その違いを理解するために、マクロ経済学の入門書で登場する「総需要・総供給分析」と呼ばれる手法を用います。

また、日本の物価が他国に比べて上がりにくい背景にある「価格は上がらないもの」といった暗黙の了解「ソーシャル・ノルム」についても触れていきます。この先、日本経済が「物価安定目標（インフレ2％）あるいはそれに近い程度で上昇し、賃金との好循環を繰り返す」ことが日常の風景となるかどうか、今後ますます注目されるテーマです。

第2章から第5章は、「金利」について解説します。

第2章は、マーケット・メカニズムで金利が決まる基本原理、長期金利と短期金利の関係、変動金利と固定金利の違いなどの基本的な知識を見ていきます。続く第3章では、債券の仕組みから始まり「市場金利と債券価格は反対方向に動く」「信用格付けの低い債券ほど利回りは高い」といった原理は、金利を理解するうえで重要です。さらに第4章は、長期・短期の

金融市場の仕組み、日本銀行の金融政策（イールドカーブ・コントロールなど）の動向、長期金利を動かす要因などを確認しながら、「インフレ率が上昇すると長期金利は短期金利よりも先に上昇する」といった原理を解説します。最後に第5章は、金利を軸として経済ファクター（景気・物価・株価・為替）との「基本的な因果関係」を確認します。

　今後、仮に金利が上昇した場合、経済や金融マーケットへの影響は気になります。思考を巡らせるためにも、金利の基本原理や他の経済ファクターとの関係を理解することは意義のあることと思います。

第6章から第9章は、「為替」について解説します。

　第6章では、円安に向かうと輸入品が高くなるなど、身の回りにある為替レートの変化の影響を見ていきます。第7章は、外国為替市場や為替レートの仕組み、ドルを基軸とする通貨体制、急激な為替変動を抑える市場介入など、為替を理解するうえで不可欠な知識を確認します。さらに第8章では、為替レートを動かす内外金利差、貿易収支の変化などの主要な要因を解説します。最後に第9章では、新興国通貨の相場急変などによる経済・通貨危機のメカニズムや、米国FRBの金融政策の転換が世界経済を揺るがす背景、さらに有事の円高が起きにくくなった理由などについても触れていきます。

　さらに金融マーケットの理解を深めたい方は、本書の内容を手がかりとして専門書などを読み進めるとよいでしょう。

　今後、経済や金融マーケットが何か大きな問題に直面することになっても、読者の皆さんにはその原因や背景がわかり、どのようなに対応すればよいかを考えるため、判断するための一助となれば幸いです。

　2023年8月

小松英二

目次

はじめに

第1章 **物価をめぐる理論とインフレーションを**
もたらすマクロ経済環境 ································ 11

1 **商品の価格の決まり方（基本原理）** ······················ 12
　需要と供給をバランスさせる価格メカニズム ················· 12
　需要曲線と供給曲線から均衡価格が決まる ················· 14
2 **インフレーションとは、デフレーションとは** ············· 18
　インフレやデフレを発生させるメカニズム ··················· 18
　発生要因から見たインフレーションの3タイプ ··············· 20
3 **ディマンド・プル・インフレとコスト・プッシュ・インフレ** ········ 22
　総需要・総供給分析から見えるインフレーションをもたらす経済環境··· 22
4 **インフレ抑制のための中央銀行の利上げの効果** ········· 27
　コスト・プッシュ・インフレの抑制は景気悪化を伴う ··········· 27
5 **インフレが金融資産と金融負債に与える影響** ··········· 30
　日本社会に広がる暗黙の了解「2つのソーシャル・ノルム」 ········ 30
　物価連動性の高い金融商品の保有がインフレ対策の基本 ········· 31
　変動金利の住宅ローンはインフレによる金利上昇で返済負担が増す ··· 33
　インフレに負けない金融商品選びのポイント ················· 34

第2章 **金利ってそもそも何だろう！**
金利の基本を学ぶ ······························ 39

1 **気になる金利！　そもそも金利とは何か** ··············· 40
　金利はお金を借りた時に支払うお金の賃借料 ··············· 40
2 **金利は金融市場において需要と供給のバランスで決まる** ········ 43
　「マーケット・メカニズム」による金利決定のプロセス ·········· 43
　貸出金利は預金金利よりも常に高い ····················· 44
3 **企業活動を活発化させる金利低下・企業活動を抑える金利上昇** ··· 46
　金利は企業活動にさまざまな影響を与える ················· 46
　金利低下は企業活動のアクセル・上昇はブレーキ ············· 47

4 金融市場は取引期間の長さで短期・長期に分かれる ·············49
短期金融市場と長期金融市場 ···49
長期金利はリスクプレミアムの分だけ短期金利より高い ···············50
日本の長期金利が欧米の長期金利よりも低い理由 ··················51

5 金利(上昇・低下)局面で異なる変動金利と固定金利の有利・不利···53
金利上昇局面では変動金利型の金融商品が有利 ······················53
名目金利が動かなくても物価上昇・物価低下で実質金利は動く ·······55

第3章 **債券は難しい! でも基本をつかむと 金利の理解が深まる** ·······················57

1 金利の理解に欠かせない債券の基礎知識 ·······················58
債券投資は比較的安定的に運用できる手段 ··························58
償還の時に債券保有者のもとに必ず額面金額が戻る ················60

2 債券投資において債券価格と利回りは反対方向に動く ·······62
債券は需要が高まると債券価格は上昇し利回りは低下する ·········62
利子がつかない代わりに額面金額より安く販売される割引債 ········65

3 市場金利が上昇すれば債券価格は低下する ·····················67
債券投資において押さえたい! 市場金利と債券価格の関係 ·······67
償還までの期間が長いほど債券価格は大きく変動する ·············69
表面利率の高低も債券価格の変動に影響を与える ·················71

4 信用格付けの低い債券ほど利回りは高い ·······················73
信用リスクの判断に役立つ! 格付け会社の発表する格付け ·········73
BB格以下は投機的格付債として投資リスクが高い ················74
数値以外の定性的評価を重視するソブリン格付け ·················76

5 債券は種類が豊富! どのような種類があるか ·················78
債券の中核をなす国債のラインナップ ·····························78
社債の利率は企業の信用力や発行時の金融情勢で変わる ··········81
為替変動の影響を受ける外貨建て外債 ·····························82

第4章 **金利が決まる金融市場と イールドカーブを理解する** ·············85

1 短期金融市場の仕組みを知ろう ·······························86
短期資金の過不足調整の場「インターバンク市場」···············86

　　　大手企業や地方自治体も参加する「オープン市場」 ………………87
　　　短期金利は日銀の金融政策の影響を直接受ける ……………………88
　　　日銀の中心的な政策手段「公開市場操作」 ……………………………89
　2　長期金融市場の仕組みを知ろう ………………………………………91
　　　債券市場において発行市場と流通市場は車の両輪 ………………91
　　　固定と変動で異なる住宅ローン金利の決まり方 ……………………93
　3　大規模緩和を続ける日銀の金融政策 ………………………………94
　　　金融政策を決める日銀の金融政策決定会合 …………………………94
　　　世界的に異例な日銀の「イールドカーブ・コントロール」 …………95
　　　大規模金融緩和の長期化で懸念される市場機能 ……………………97
　4　ローン金利などに影響を与える長期金利の変動要因 ……………99
　　　期待インフレ率の高まりは長期金利を上昇させる …………………99
　　　一般に期待潜在成長率が高いほど長期金利は高い ………………100
　　　発行体の財務内容の悪化でリスクプレミアムが上乗せされる ………101
　5　イールドカーブの形状変化は景気や金融政策の予想に役立つ ……102
　　　市場参加者の金利観を反映するイールドカーブ……………………102
　　　インフレ率が上昇するとイールドカーブはスティープ化する …………104

第5章　金利と経済ファクター
　　　　（景気・物価・株価・為替）の相互作用 ………107

　1　景気が金利に与える影響………………………………………………108
　　　景気の循環と金利のサイクル …………………………………………108
　　　近年、低成長経済に入り金利は上がりにくい…………………………111
　2　物価が金利に与える影響………………………………………………113
　　　物価は金利に波及し同じトレンドを描く ……………………………113
　　　近年、物価が上がりにくく、金利に波及しにくい …………………114
　3　株価が金利に与える影響………………………………………………116
　　　株価は金利に波及し同じトレンドを描く ……………………………116
　4　金利が主要な経済ファクター（物価・為替・株価）に与える影響 ………119
　　　日銀の金利コントロールは物価に影響を与える …………………119
　　　日米金利差の拡大は円安ドル高につながる …………………………121
　　　一般に金利上昇は株価低下につながりやすい ………………………122

第6章 為替が経済や金融資産を動かす 仕組みを理解しよう ……………… 125

1 身の回りにある円高や円安の影響！ その損得 ……………… 126
国境を超えた経済活動に不可欠な外国為替 ……………… 126
海外旅行における食事の負担感は円高と円安で真逆 ……………… 127
海外製品の価格は円高と円安で真逆 ……………… 129

2 貿易取引における為替レートのゆくえは企業業績を左右する …… 131
輸出型企業は円安により円の受取り額が増えて業績アップ ……… 131
輸入型企業は円安により仕入れコストが上昇し業績ダウン ……… 133
貿易における為替変動リスクを抑える為替先物予約 ……………… 134

3 高いリターンをねらう外貨建ての金融商品は為替差損に注意 … 137
外貨預金の手数料は為替レートの値幅に含まれる ……………… 137
低い格付けの外貨建て外債の利回りは高い ……………… 140

第7章 外国為替市場と為替レートの仕組みを 詳しくみてみよう ……………… 143

1 バーチャルで 24 時間眠らない外国為替市場 ……………… 144
外国為替市場は建物のないバーチャルな市場 ……………… 144
インターバンク市場と対顧客市場 ……………… 145

2 外国為替市場で決まる為替レートの仕組み ……………… 148
金融機関同士が取引する「インターバンク・レート」 ……………… 148
金融機関と顧客が取引する「顧客向け為替レート」 ……………… 149

3 基軸通貨ドルを知ると外国為替の理解が深まる ……………… 152
経済力・軍事力が支えるドルの基軸通貨体制 ……………… 152
信頼感と利便性から外貨準備として選ばれるドル ……………… 153
ドル以外の通貨同士の交換レート「クロス・レート」 ……………… 154
通貨の総合的な価値を示す「実効為替レート」 ……………… 156

4 世界の通貨と為替相場制度 ……………… 157
変動相場制と固定相場制の違い ……………… 157

5 急激な為替変動を抑える市場介入 ……………… 160
行き過ぎた円安に介入するドル資金には外貨準備を用いる …… 160

第8章	為替レートを動かす メカニズムを理解する	……………… 163

1　ファンダメンタルズが通貨の需給バランスに影響を与える ……… 164
　通貨の需給バランスの変化は為替レートを動かす ………………… 164
　経済のファンダメンタルズと為替レートの関係 …………………… 165

2　内外金利差の拡大、縮小により為替レートは敏感に動く ……… 167
　内外金利差に敏感な投資家は金利の高い方へ資金を動かす ……… 167
　インフレ初期は10年国債利回り格差と為替レートの相関性が高い … 168
　投機筋は金利、主要な指標などを材料に短期的な利益を追求する … 169
　通貨の金利差から利益を得る「キャリートレード」……………… 170

3　貿易収支の変化（黒字化・赤字化）は為替レートを動かす ……… 172
　輸出額と輸入額の差額「貿易収支」の赤字化は円安要因 ………… 172
　「第一次所得収支の黒字」の急拡大が円高要因とならない理由 …… 175

4　対外証券投資や日本企業（生産拠点）の海外進出と為替レート … 177
　対外証券投資は対内証券投資を上回り続けている ………………… 177
　対外直接投資によりマネーが流出すると通貨価値は下がる ……… 178

5　長期的にはインフレ率の高低が為替トレンドを決める ………… 181
　長期的にはインフレ率の高い国の通貨価値は下がる ……………… 181

第9章	相場急変リスク！　その裏にある 経済・金融の構造変化	……………… 183

1　新興国通貨と経済・通貨危機のメカニズム ……………………… 184
　新興国通貨は一般に通貨当局の規制が強い ………………………… 184
　資金流出による通貨安は外貨建て債務の返済負担を増大させる …… 185

2　FRBの政策転換や地政学的リスクの高まりで揺れる新興国通貨 … 187
　新興国の警戒心を高めるFRBの金融政策の転換 ………………… 187
　地政学的リスクの高まりでマネーは安全資産に向かう …………… 189

3　有事の円高が進みにくくなった理由 ……………………………… 191
　背景にある対外純資産の構造変化 …………………………………… 191

第1章

物価をめぐる理論とインフレーションをもたらすマクロ経済環境

1

商品の価格の決まり方
（基本原理）

—— 価格が動くことによって、売れ残りや品不足が解消に向かい（ギャップが調整され）、需要と供給はバランスする。

需要と供給をバランスさせる
価格メカニズム

2021年夏以降、インフレ率は急上昇し、世界的なインフレーションの時代に入りました。第1章は、なぜインフレーションが発生するかをメインテーマとします。

インフレーションは、私たちが普段買っている日用品やサービスの価格、つまり「集合体としての物価」が上がることをいいます。この「集合体としての物価」の上がる仕組みを理解するには、個々の商品の価格がなぜ上昇するかを理解することが大事です。まず、商品の価格の決まり方（基本原理）の説明から入ります。

商店街の店舗やスーパーで買い物をしていると、数カ月前に比べて全体的に値段が上昇していることや、過去には低下していることを感じたこともあります。さまざまなモノ（財）やサービスの価格をある一定の方法で総合した平均値のことを「物価」といいます。その物価の説明に入る前に、個別の商品やサービスの価格が、どのように決まるかを見ていきましょう。

ある商品をめぐって買い手（買いたい人）と売り手（売りたい人）

がいます。買いたい量を「需要」、売りたい量を「供給」として、供給が需要より多いと売れ残ります。売り手は弱気になり、買い手は売れ残りがあるから安くできるだろうと強い立場になり、価格は下がっていきます（**図1−1**）。結局、売れ残りがなくなるまで価格は下がり、やがて需要と供給は等しくなります。もう売れ残りはありませんから、価格はそれ以上下がりません。

　反対に供給が需要より少ないと商品はすべて売れてしまい、まだ欲しい人がいるという品不足の状態となります。すると、売り手は欲しい人はたくさんいるから値上げできると強気になり、買い手は高くても買わないと、商品がなくなってしまうので弱い立場となり、価格は上がっていきます（**図1−1**）。結局、品不足がなくなるまで価格は上がり、やがて需要と供給は等しくなります。もう品不足はありませんから、価格はそれ以上は上がりません。

図1-1　価格の働きにより需要と供給がバランスする

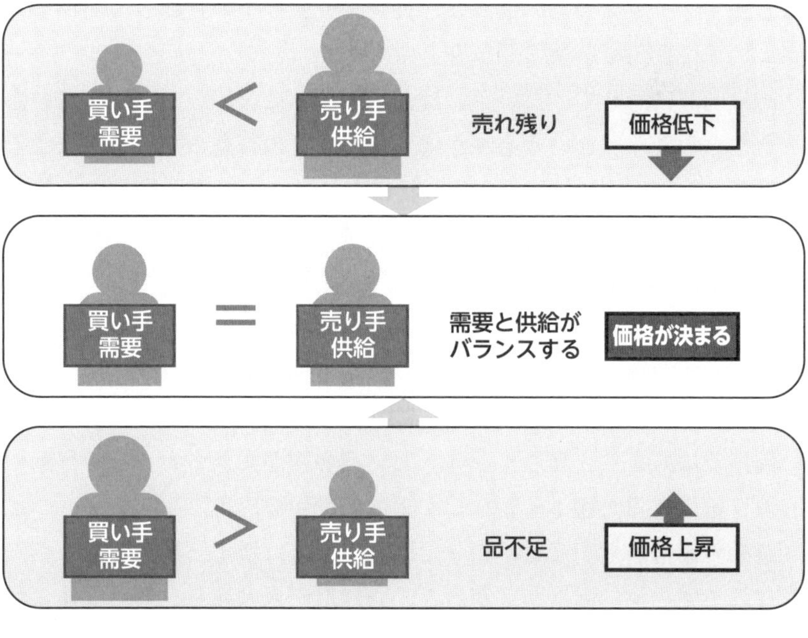

このように価格が動くことによって、売れ残りや品不足が解消に向かい（ギャップが調整され）、需要と供給もバランスします。価格が持つとても便利な機能は、「価格メカニズム」と呼ばれています。

需要曲線と供給曲線から均衡価格が決まる

　買い手と売り手が参加して価格競争が行われる市場経済において、「価格メカニズム」が果たす役割をもう少し掘り下げます。その際、ミクロ経済学の分析手法を用います。ミクロ経済学は、経済主体としての家計（消費者）と企業（生産者）がいかに行動して商品の需要と供給を創り出し、それらがいかに市場で調整されるかを解明する学問分野（理論）です。

　ある商品について、買い手と売り手は価格がいくらであれば、どのくらいの数量を買いたいか、売りたいか、という行動がわかっているとします。そこで商品の価格と、買い手や売り手の行動との関係をビジュアルに捉えていきましょう。

　ある商品に対して、買い手には、「安いから買おう」とか、「高いからあきらめよう」という心理が働きます。その行動や心理を線にすると図1－2のような右下がりの形状になります。つまり商品の価格が上がると、買いたいと思う人が少なくなり、買われる量は減ります。逆に価格が下がると、買いたい人が増え、買われる量は増えます。この価格と数量の関係を表した線を需要曲線（商品の価格と需要量との関係を示す曲線＜図ではシンプルに直線で描いている＞）といいます。

　反対に、売り手には、「少しでも高い価格で多く売りたい」とか、「安い価格ではあまり売りたくない」という心理が働きます。その行動や心理を線にすると図1－2のような右上がりの形状になります。つまり商品の価格が上がると、売りたいと思う人は増え、商品がたくさん作られます。逆に価格が下がると、売りたい人は減り、商品は作られ

なくなります。この価格と数量の関係を表した線を供給曲線（商品の価格と供給量との関係を示す曲線）といいます。

　このような需要曲線と供給曲線を重ね合わせると**図1－2**のようになります。２本の線が交わる点は、「この価格で買いたい」という人と「この価格で売りたい」という人が１つの価格で一致しています。需要曲線と供給曲線が交わる点を均衡点と呼び、この時の価格を均衡価格、取引量を均衡数量といいます。均衡点では、買い手（主に家計）、売り手（主に企業）ともに、自ら望む価格と取引量が実現され、双方が納得している状態といえます。

図1-2　需要曲線と供給曲線から均衡価格が決まる

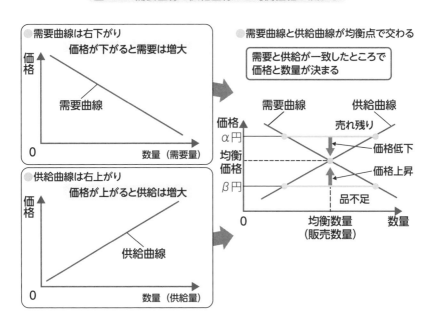

　需要曲線と供給曲線による分析は、需要と供給の状況が変化する時、価格と取引量がどのように変化するかを見せてくれます。

　たとえばサンマが大漁だとしましょう。売りたい人（供給）が、例

年に比べてどの価格においても増えることになりますので、**図1-3**のように供給曲線は右方向にシフトします。これに伴い均衡点も移動し、買い手と売り手が以前より低い価格の均衡点で交わります。以前よりも安い価格で取引が成立し、取引量も増えます。逆にサンマが不漁の場合など、供給曲線が左方向にシフトすることもあります。

　また、異常に早い猛暑の到来により、アイスキャンディーを食べたい人が急増したとしましょう。買いたい人（需要）が、例年に比べてどの価格においても増えることになりますので、**図1-3**のように需要曲線は右方向にシフトします。これに伴い均衡点も移動し、買い手と売り手が以前より高い価格の均衡点で交わります。以前よりも高い価格で取引が成立し、取引量も増えます。逆に異常な冷夏の場合など、

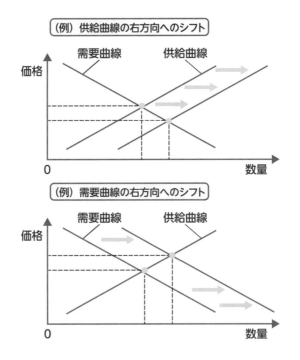

図1-3　需要と供給の状況変化が価格を動かす

需要曲線が左方向にシフトすることもあります。

　ここまでシンプルな直線の需要曲線・供給曲線を描いて説明しましたが、現実社会の両曲線の形状（傾き、曲がり度合い）は複雑さがあり、専門家の分析対象です。さらに実際は買い手（需要）と売り手（供給）のどちらか一方の動きだけで価格が決まるわけではありません。相互に影響を及ぼし合っています。たとえば買い手が増えても売り手がそれ以上に増えれば、結果的に価格は下がることもあります（逆の場合もあります）。

2
インフレーションとは、デフレーションとは

—— インフレは、発生要因によってディマンド・プル・インフレ、コスト・プッシュ・インフレ、貨幣的インフレの3タイプある。

インフレやデフレを発生させるメカニズム

　ここまで商品の価格の決まり方（基本原理）を見てきましたが、ここから物価をめぐる現象として「インフレーション（Inflation）」と「デフレーション（Deflation）」を解説します。

　その前に、物価やそのデータについて簡単に押さえます。政府や日銀の政策決定では、物価の動きが重要な判断材料となります。その指標として総務省が毎月公表する「消費者物価指数（CPI：Consumer Price Index）」が用いられます。総務省は、消費者がよく購入するモノやサービスあわせて約580品目の値動きを調査し、支出額の多寡で重みづけして総合指数（基準時点の物価を100として現在時点の物価を指数化、基準は5年ごとに改定）にまとめています。その総合指数から、季節で価格変動が大きい生鮮食品を除いたものを「コアCPI」（正式名称は生鮮食品を除く総合指数）、さらに総合指数からエネルギーや食料品を除いたものを「コアコアCPI」（専門家による俗称）といいます。日銀は、2013年1月に物価安定の目標を前年比上昇率2％（コアCPIベース）と定めており、金融政策の目標値として用いています。

　インフレーションとデフレーションの説明をスタートします。

　インフレーション（インフレ）は、一般的なモノやサービスの価格である物価が継続的に上昇する現象です。物価は「景気の体温」ともいわれ、景気と密接な関連があります。一般に好景気の時にインフレは起きます。インフレがさらにインフレを招くといった悪循環に陥ることをインフレ・スパイラルといいます。

　デフレーション（デフレ）は、物価の低下が全般的かつ継続的に起こる現象です。物価の低下により景気や企業活動が悪化し、さらに物価が低下する連鎖的な悪循環をデフレ・スパイラルといいます。

　インフレになって物価が上昇すると、同じ金額で買えるモノやサービスの量が減ります。実質的にお金の価値が低下、つまり貨幣価値は低下します。一方、デフレによる物価の低下は、同じ金額でもこれまでより多くのモノやサービスを購入できますので、貨幣価値は上昇します**（図1 − 4）**。

図1-4　インフレとデフレの違い

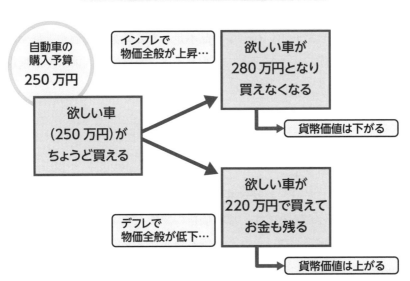

```
┌─────────────────────────────┐
│   【インフレ・デフレと貨幣価値】     │
│   インフレ ➡ 貨幣価値の低下        │
│   デフレ ➡ 貨幣価値の上昇         │
└─────────────────────────────┘
```

　貨幣価値が不安定であると、経済に好ましくない影響（家計管理や事業計画が難しくなるなど）を及ぼすことから、物価の安定、つまり貨幣価値の安定は、日銀の大きな責務となります。

発生要因から見た インフレーションの3タイプ

　インフレは、発生要因によって3つに分類されます。

＜ディマンド・プル・インフレ＞

　一国経済の供給量（総供給）に対して、モノ・サービスへの需要が強すぎるために起きるインフレをディマンド・プル・インフレといいます。需要に供給が追いつかず、品不足となる結果、物価が上昇することになります。ディマンド・プル・インフレは、個人消費や設備投資などの需要サイドに原因がある需要型インフレです。

＜コスト・プッシュ・インフレ＞

　企業の生産コストが高まり、商品・製品の価格が上昇してインフレになることをコスト・プッシュ・インフレといいます。生産コストの上昇の原因としては、原材料不足などによる原材料価格の値上がりや賃金の上昇などがあります。原油価格の急騰（オイル・ショック）の影響によるインフレは、こうした供給型インフレの典型的な例です。

＜貨幣的インフレ＞

　需要や供給などの実物経済から発する要因とは別の要因で起きるインフレもあります。モノ・サービスの量に対して、貨幣（お金の量）が増えすぎたことによるインフレです。貨幣が過剰に供給されて、「モノ・サービスに対して貨幣が多すぎる状態」になると、貨幣の価値が低下して、インフレにつながります。貨幣的インフレの例として、猛烈な勢いで進行するハイパー・インフレが挙げられます。戦時中や戦争後に物価が暴騰するケースがこれに当たります。最も有名なのが、第一次世界大戦後のドイツであり、1年で物価が20倍以上になり、10年間で物価水準が1兆倍にまで高騰しました。その後も、1989年にアルゼンチンで物価が1年で5,000倍になったこと、2019年にベネズエラで物価が1年で2万倍に達した例などがあります。

　貨幣的インフレはここまでとして、ディマンド・プル・インフレとコスト・プッシュ・インフレについて説明を続けます。

3

ディマンド・プル・インフレと
コスト・プッシュ・インフレ

—— 需要側の要因によるディマンド・プル・インフレと、
供給側の要因によるコスト・プッシュ・インフレの違いは
「総需要・総供給分析」により際立つ。

総需要・総供給分析から見える
インフレーションをもたらす経済環境

　インフレの背景にあるマクロ経済環境を、マクロ経済学の入門書で
登場する「総需要・総供給分析」と呼ばれる手法を用いて説明します。
先ほどミクロ経済学を用いて商品の価格と数量の関係を見てきました
が、経済全体の動きについて、主に国民所得（経済活動の規模）の面
から分析するのがマクロ経済学です。

　物価を経済全体の総需要（消費、投資、政府支出などで構成）と総
供給のバランスから分析します。マクロ経済学で用いる総需要曲線と
総供給曲線は、縦軸に物価、横軸に国民所得（国民全体が得る所得の
総額、経済活動の規模を表す）を取るグラフになります（他の要因は
一定）。総需要曲線（物価と総需要は逆の方向に動く関係）と総供給曲
線（物価と総供給は同じ方向に動く関係）の交点で物価と国民所得が
決まるスキームとなります。

＜需要側の要因が引き起こすディマンド・プル・インフレ＞

　総需要が増大するとします。たとえば、ある物価水準で拡張的な財

図1-5 ディマンド・プル・インフレとコスト・プッシュ・インフレ

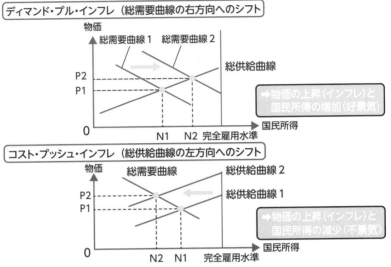

政政策（政府支出の増加）が行われます。物価水準がどのような値で
も、同額の総需要が増加しますので、**図１－５**のように総需要曲線は右
方向へシフトします。これによって物価水準はP1からP2へ上昇し、
国民所得の水準もN1からN2へと増加します。このように需要増大が
引き起こすインフレがディマンド・プル・インフレです。

　ディマンド・プル・インフレの要因としては、たとえば、個人消費
や設備投資の増加、大型の補正予算（景気対策など）による政府支出
の増加などが該当します。長期的・歴史的な視点で俯瞰すると人口増
加や経済成長です。人口が増えればその分だけ消費が増え、全体の需
要は増大します。

　日本を含め主要先進国の中央銀行は、インフレ率２％を適正として
います。これを越えて国民生活に悪影響が出るようなインフレ率に達
すると、金融政策（第４章で説明）により適正なインフレ率まで抑え
込むことになります。

なお、完全雇用水準（潜在的な供給能力）を超えて総需要が増大すると、国民所得の増加を伴わず、物価上昇のみを引き起こします（先ほど指摘した貨幣的インフレに相当）。

＜供給側の要因が引き起こすコスト・プッシュ・インフレ＞

　これとは反対に、供給側の変化で物価が上昇することもあります。図1－5のように総供給曲線が左方向にシフトした場合でも物価水準はP1からP2へ上昇します。このようなインフレがコスト・プッシュ・インフレです。このタイプのインフレは、国民所得はN1からN2へと減少、つまり景気の悪化を伴います。

　コスト・プッシュ・インフレの要因としては、何らかの理由（戦争、自然災害など）による企業の生産量の低下、原油や一次産品などの原材料価格の上昇などが該当します。戦争に関する情報が流れるだけで、戦争発生前から部分的に品不足が生じることもあります。企業が前倒しで原材料価格の確保に動くからです。

　また、近年では「サプライチェーンの寸断」も顕現化しました。新型コロナウイルスのパンデミックは、世界のさまざまな生産設備や物流拠点の機能を麻痺させ、グローバルな物流ネットワークを途絶えさせました。ロシアのウクライナ侵攻を発端に、地政学的な要因でサプライチェーンの寸断が起きることへの懸念も高まっています。

　モノの生産・供給は、世界中の生産現場と、網の目のように張りめぐらされた物流により成り立ってきました。徹底的にコストパフォーマンスを追求し、製品企画、部品の供給、部品の組み立てなどの製造工程を別の国で行い、その間を物流ネットワークでつないできました。こうして構築されたサプライチェーンは、その寸断といったリスクが浮き彫りとなり、転機を迎えています。グローバル企業は、世界中に分散している生産拠点を自国内に回帰させるほか、友好関係にある国に移転させるなどの動きも加速させています。この流れは「Deglobalization（脱グローバル化）」と呼ばれています。

　さらに米国を中心として起きている「労働力不足」もコスト・プッシュ・インフレの要因です。労働力が不足すると、生産活動が滞るためです。2020年２月以降のコロナ禍により、米国の労働者は解雇以外にも大量に自発的に職場を去りました。その後も職場への戻りが鈍いといった現象が表面化し、労働力不足が米国の高インフレの要因の一つとなりました。実は、この離職傾向はリーマン・ショック後からすでに増加基調にあり、自発的離職の増大は、「the Great Resignation（大離職時代）」と呼ばれています。職場に戻らない労働者には、さまざまな事情がありますが、感染の厳しい時期に母国に戻り、そのまま帰ってこない移民や、退職を早めた中高年などが増えているようです。

　ここまでディマンド・プル・インフレとコスト・プッシュ・インフレを別々に見てきましたが、同時に起きることもあります。需要の増大とコストの上昇が同時に発生すると、総需要曲線は右方向にシフトし、総供給曲線は左方向にシフトしますので、物価上昇はより激しくなります。

＜インフレと景気後退が同時に進むスタグフレーション＞

　さらに急激で大幅な総供給曲線の左方向へのシフトが起きて、インフレと景気後退（深刻な国民所得の減少）が同時並行的に進むことがあります。このインフレを「スタグフレーション（Stagflation）」といいます。この名称は、景気停滞を意味する「スタグネーション（Stagnation）」と「インフレーション（Inflation）」を組み合わせた合成語です。スタグフレーションは、第一次オイルショック（石油危機、1973年）や第二次オイルショック（1979年）の後に、世界的な規模で発生しました。日本でも原油価格の高騰による原材料や素材関連の価格上昇などにより、不景気と物価上昇が同時に進み、国民生活は極めて厳しい状況に陥りました。

　このように総供給曲線や総需要曲線は、インフレに対する理解を助けます。ただ、シンプルに描いた両曲線の背後には、ここで説明した

内容よりも複雑な事象があります。本格的に学びたい方は、経済学の
しっかりした教科書を参照してください。

4

インフレ抑制のための
中央銀行の利上げの効果

―― ディマンド・プル・インフレの抑制には利上げは有効。
一方、コスト・プッシュ・インフレの抑制のために利上げ
を行うと、経済は景気悪化による縮小均衡に向かう。

コスト・プッシュ・インフレの抑制は
景気悪化を伴う

　中央銀行の政策金利の引き上げ（利上げ）とインフレ抑制の効果を
見ていきます。実は利上げの効果は、ディマンド・プル・インフレと
コスト・プッシュ・インフレで大きく異なります。

　ディマンド・プル・インフレの抑制には利上げが有効です。需要が
強すぎて適正なインフレ率を越える場合、中央銀行は利上げにより対
処します。これで強すぎる需要を抑え（総需要曲線の右方向へのシフ
トの抑制）、インフレ率を許容範囲に収めます。

　一方、コスト・プッシュ・インフレの抑制を利上げだけに頼ると、
「景気を悪くする」といった犠牲（副作用）が大きくなります。供給不
足（つまり「少ない供給」）が原因のインフレに利上げで対処しても、
金利は需要側（消費や投資など）にしか働きかけません（総需要曲線
の左方向へのシフト）。利上げを繰り返してひとまず高いインフレ率を
低下させても「少ない供給」と見合うところまで需要も落ちてしまし
ます。このタイプのインフレ抑制を金融政策だけに頼ると、景気悪化
による縮小均衡（低くなった国民所得の水準で総需要と総供給がバラ

ンスし、失業率は急増）に着地してしまいます（**図1-6**）。これに対して、国民所得の回復のために総需要曲線を右方向にシフト（需要喚起のための財政支出）した場合、利上げによるインフレ抑制効果を減退（相殺）してしまいます。

コスト・プッシュ・インフレが発生すると、インフレ対策（利上げ＜金融政策＞）と景気対策（消費、投資といった需要側を支援する財政支出＜財政政策＞）は、大変難しいジレンマに直面します（コスト・プッシュ・インフレは厄介です）。

仮にコスト・プッシュ・インフレが発生し、日銀が金融政策による利上げを実施せざるを得ない状況となった時は、政府による「供給力アップ」のための財政政策といったポリシー・ミックスが必要です。「少ない供給」となっている産業・部門を特定して、政府による補助金などによる供給力アップ（総供給曲線の右方向へのシフト）が重要です。

図1-6　コスト・プッシュ・インフレの抑制

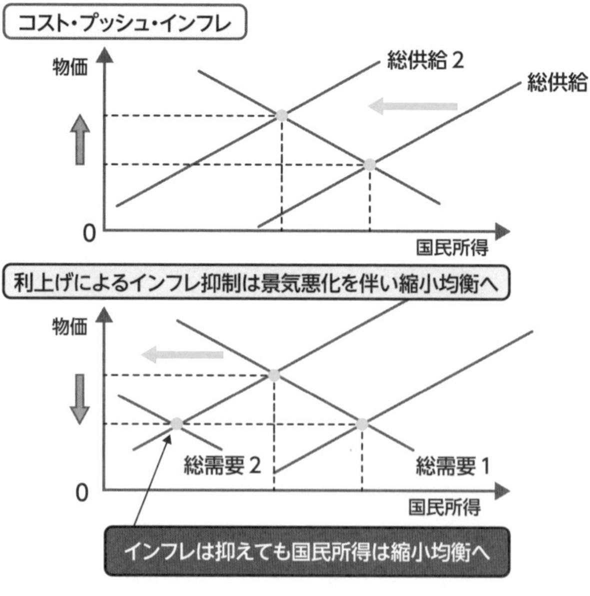

コスト・プッシュ・インフレ

物価

総供給2

総供給

0　　　　　　　　　　　　国民所得

利上げによるインフレ抑制は景気悪化を伴い縮小均衡へ

物価

総需要2

総需要1

0　　　　　　　　　　　　国民所得

インフレは抑えても国民所得は縮小均衡へ

【インフレ抑制に対する政府・中央銀行の政策対応】

❶ディマンド・プル・インフレ

　　…中央銀行の利上げによる需要抑制（金融政策）が主体

❷コスト・プッシュ・インフレ

　　…中央銀行の利上げによる需要抑制（金融政策）と政府によ
　　る供給力アップのための財政支援（財政政策）のポリシー・
　　ミックスが必要

　なお、コスト・プッシュ・インフレに対しては、長期的・持続的に
経済の仕組みを変える取り組み（サプライチェーンの強靱化、重要物
資の自給率向上など）が欠かせません。中央銀行は金利の機能を通じ
て需要側を動かすことはできますが、供給側の問題解決には対処でき
ません。

5
インフレが金融資産と金融負債に与える影響

—— インフレ対策は、インフレに強い金融資産保有で目減りを抑えることが基本。一方、住宅ローンなどの実質的な債務負担は、インフレにより軽減される。

日本社会に広がる暗黙の了解「2つのソーシャル・ノルム」

　日本の物価が他国に比べて上がりにくい理由を見ていきます。

　日本は物価が上がりにくいデフレが長く続きました。消費者は、そのなかで「価格は上がらないもの」との思い込みや「値上げへの拒否反応」を強めました。一方、企業はコストを削って、価格の維持（あるいは値下げ）により顧客獲得に懸命でした。こうした「価格は上がらないもの」「値上げへの拒否反応」は、日本社会において当たり前の空気として浸透しました。この当たり前といった感覚は、経済学では「ソーシャル・ノルム（社会的規範）」と呼んでいます。ソーシャル・ノルムは、社会に広がる暗黙の了解や共有される習慣・価値観のことです。

　実はもう1つのソーシャル・ノルムがあります。それは「賃金が上がらない」ことです。「物価が上がらない→賃金が上がらない→物価が上がらない」といった循環が「物価や賃金が上がらない日本」「安い日本」といわれるようになった根底にあります。2つのソーシャル・ノルムは、長期にわたる経験（若年層は生まれてからインフレの経験が

ないなど）により形成されますので、簡単に変えられるものではありません。

　政府は、賃上げをした企業への税制優遇、春闘での大幅な賃上げの呼びかけなど、「賃上げ」に向けた政策に傾注しています。企業や個人も、生産性向上に向けた取り組み（リカレント教育による個人のスキルアップ、雇用の流動化など）が課題です。こうした取り組みにより、社会全体の意識が変わり、賃金・物価の好循環につながるかが注目されます。

　この先、取り組みの蓄積が功を奏して「物価が安定目標（インフレ２％）あるいはそれに近い程度で上昇し、賃金との好循環を繰り返す」ことが日常の風景となる新たなソーシャル・ノルムが形成されたとします。その時は、家計管理や資産運用も新たなスタイルに変わるでしょう。ここからは、インフレ時の資産運用における留意点（インフレ対策）を考察します。

物価連動性の高い金融商品の保有が インフレ対策の基本

　財布の中にある現金の実質的な価値、いいかえると購買力（同じ金額で買えるモノ・サービスの量）は、インフレにより低下します。10万円を３年間貯金箱や財布の中に眠らせている間に物価が年率２％ペースで上昇すると、10万円で買えたモノが約10万６千円に値上がりしてしまい、買えなくなります。つまり購買力が目減りしてしまうのです。それに対して、インフレに強い金融資産を保有することで目減りを抑えることは大事なテーマです。

　ここから、インフレが家計の「金融資産」に与える影響を説明します。その後、「金融資産」の反対側にある「金融負債」に与える影響の説明に入ります。その影響には、プラス面とともにマイナス面もあり、一覧にすると**図１－７**のとおりです。

図1-7 インフレが進んだ場合の金融資産・金融負債への影響

金融資産	金融負債
【積極型資産 ＜物価連動性の高い金融商品＞】 　➡目減り（実質的な資産価値の減少）は、かなり防げる	【変動金利型のローン】 　➡賃金上昇により返済負担が減少する可能性がある一方、金利上昇により支払利息は増加する可能性 　➡ローンで取得した住宅などの資産の価値は上昇
【積極型資産 ＜物価連動性の低い金融商品＞】 　➡目減りは、ある程度防げる 【安定型資産 ＜元本が保証される金融商品＞】 　➡目減りする	【固定金利型のローン】 　➡賃金上昇により返済負担は減少する可能性 　➡ローンで取得した住宅などの資産の価値は上昇

　それでは、インフレが家計の金融資産に与える影響を見ていきましょう。説明を始める前に家計の金融資産の全体像を概観します。家計全体の金融資産は、「安定型資産」と「積極型資産（リスク性資産）」に大別されます。「安定型資産」は、さらに普通預金など臨時の出費や不測の支出に備える「流動性資産」と、定期預金や国内債券、公社債投資信託など安全性を重視して手堅く増やす「安全資産」に分かれます。一方、積極型資産（リスク性資産）」は、収益性を考え、経済成長とともに増やすことを目的に株式、株式投資信託、外国債券などで運用することが基本となります。

　テーマであるインフレ対策の視点から金融資産を吟味していきます。まず安定型資産から。金融資産の名目額（額面金額といいます）が変わらなければ、インフレは、その実質的価値を低下させます。たとえば100万円を３年物定期預金（年利0.01％）に預けると３年後に

は 300 円（税引き前）の利息が付き元利合計で 100 万 300 円の経済的価値となりますが、物価が年率 2 ％ペースで上昇すると、100 万円で買えたモノが約 106 万円にまで値上がりします。せっかく貯めた金融資産が目減りしてしまいます。

　このように、購入時の名目額が維持される金融商品である預貯金（固定金利のもの）や国内債券（同）は概してインフレに弱いといえます。ただ、金利上昇が続いて高金利になると、インフレに弱いといった弱点は薄らいでいきます。

　一方、積極型資産は、インフレ率の上昇とともに経済的な価値も上昇していく傾向があり、目減り（購買力の低下）を防ぐことができます。株式、株式投資信託、コモディティなどは、インフレ対策（目減りを防ぐ対策）に向く金融商品といえます。コモディティとは、エネルギー、金属、農畜産物など産業や日常生活に必要不可欠なモノの総称です。投資家はコモディティを投資対象とする各種投資信託の購入や、特定のコモディティを対象とする商品先物取引を行っています。積極型資産といっても多種多様であり、その商品タイプにより、インフレによる目減りを防止する程度に差があります。

変動金利の住宅ローンはインフレによる金利上昇で返済負担が増す

　続いて金融負債への影響を見ていきます。一般にインフレにより住宅ローンなどの実質的な債務負担は減少します。それは、住宅ローンで取得した住宅などの資産価値が上昇（もしくは減価の程度が緩和）する反面、過去に交わしたローン契約により負債額が固定されていますので、資産と負債のバランスが改善するためです。またインフレに伴う賃金上昇を通じて住宅ローンの返済負担が軽減される効果も期待できます。

　ただ、金利タイプには注意が必要です。変動金利型の住宅ローンを

借りた場合、インフレとともに金利が上昇すると、支払利息が増加するといったマイナス面もあります。そもそも、住宅ローンの金利タイプは3つあります。返済まで金利が変わらない「全期間固定金利型」、半年ごとに金利を見直す「変動金利型」、一定期間は金利が変わらず、その後に金利タイプを選ぶ「固定金利期間選択型」。通常、変動金利型は、固定金利型より金利が低く、目先の支払利息を抑えることができます。ただし、市場金利が大きく上昇するような事態となると、変動金利も上がることから支払利息の負担は増します。そのため、当初から固定金利型を選んだ方が総返済額（元金＋支払利息）を減らせる場合があります。変動金利型の住宅ローンはインフレに弱いことは認識しておきましょう。

インフレに負けない
金融商品選びのポイント

　株式の銘柄選択は、世界情勢を考えると資源・エネルギー分野で権益を持つ企業や資源ビジネスを展開する企業がポイントになります。そのほか、物価の動きにあわせて元本が変動する物価連動国債、エネルギー、金属、農畜産物などに着目するコモディティ型投資信託などが選択肢となります。

＜株式投資はインフレでも売上・利益を伸ばせる銘柄選びが基本＞
　株式、株式投資信託などの積極型資産は、インフレ対策（目減りを防ぐ対策）に向いていることを見てきました。ここから金融商品の種類ごとにその特性を説明します。
　株式投資は、中長期的にインフレに強い資産といえるでしょう。仮に日銀が目指すインフレ率2％、あるいはそれに近い程度に達して、日本経済がそのインフレ水準を維持するとしましょう。株式投資においては、消費者の購入意欲を削がない程度に販売価格を引き上げ、売

上・利益を伸ばしていける企業（銘柄）選びがポイントとなります。そのような企業は、「販売数量×単価」である売上高を増やし、利益拡大も目指せることから、株価は上昇しやすくなり、インフレヘッジの役割を果たせます。

　銘柄選択のポイントは、インフレでもコスト上昇分を販売価格に反映させることができ、販売数や顧客数が落ちない銘柄です。具体的には、圧倒的な「ブランド力」のある企業、競合が少ない独占的な市場の企業など。業種としては、昨今の世界情勢を考えると資源・エネルギー分野で権益を持つ企業や資源ビジネスを展開する企業が注目されます。

　ただ、インフレ率2％を超える急激なインフレが続くようだとシナリオは大きく崩れます。消費者の購入意欲を減退させる高いインフレだと「販売数量×単価」である売上高は減少して利益も縮小する可能性があり、株価は低下しやすくなります。さらに、インフレを抑える中央銀行の政策展開によっては、株価が下落する懸念もあります。

＜物価の動きにあわせて元本が変動する物価連動国債＞

　仮にインフレ期が到来するとします。その際のインフレ防御の要となるのが物価連動国債です。この国債は変動するのが金利ではなく元本という珍しい国債です。ここで物価連動国債の商品内容を説明しますが、表面利率、償還期限などの専門用語がたくさん含まれます。これらの用語については第3章で説明します。

　物価連動国債は、申込単位は10万円、償還期限は10年、物価動向に応じて国債の元本が増減し、増減した元本金額を「想定元金額」と呼びます。元本の変動において参照する物価は、全国消費者物価指数（生鮮食品を除く総合指数）となります。表面利率は発行時に定められたまま償還期限まで変わりませんが、「想定元金額」が増減することから、受け取る利子も増減します。原則としていつでも時価で売却できますが、世の中の金利情勢によっては元本割れする場合がありま

す。ただし、2013年度以降に発行された物価連動国債は、額面金額で償還される元本保証があります。

　この物価連動国債は、低インフレ期だと魅力が乏しく（流動性が低く）買いやすい環境とはいえません。しかし、高インフレ期になるとニーズの高まりとともに、大手証券会社を中心に積極的なセールスの展開が予想されます。投資信託（主として日本の物価連動国債に投資するファンド）を購入して、間接的に物価連動国債に投資をするという選択もあります。

＜エネルギー、金属、農畜産物などに着目するコモディティ型投資信託＞

　国際商品（エネルギー、金属および農畜産物など）市況は、日本経済や家計に大きな影響を与えます。国際商品市況が高騰する「資源インフレ」と呼ばれる事態への備えとしては、コモディティ（commodity：産品・商品）投資が有効です。コモディティ相場を左右する最大の要因は、中国、インドなど新興諸国の経済発展に伴うコモディティ需要の高まりです。経済成長による新興諸国の国民生活の向上とともに、食糧、エネルギー、さらにはインフラ投資まで広範囲にコモディティ需要が拡大していくものと思われます。

　インフレ対策における大事な視点は、物価と同じ方向に値動きする投資対象を資産として持つことです。理に適ったやり方としてコモディティ投資が注目されます。個人投資家がコモディティ投資を行う場合、**図1−8**のようなコモディティ型投資信託やETFを活用するとよいでしょう。エネルギーや農産物を中心に投資対象の分散投資効果が期待できます。その他に商品先物取引（原油や銅、とうもろこしなどの商品の先物を売買する取引）を直接行うことも選択肢となります。

　コモディティ投資において気をつけたいことは、新興諸国における現実の需要（実需と呼ばれる）のほかに、先進国の金融緩和による過剰流動性（世の中にお金がジャブジャブあるイメージ）の存在です。過剰流動性の動きは、投機マネーとしてコモディティ市場に流入し、

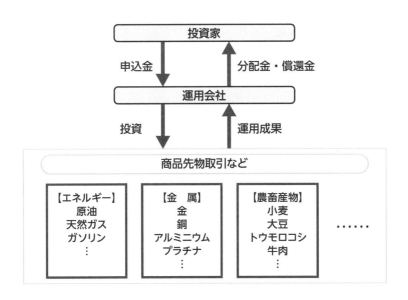

図1-8 資源に着目するコモディティ型投資信託

相場を押し上げることや、時として流出により相場を急落させることもあり、相場が荒れることも少なくありません。

＜不動産保有によるインフレ対抗力は立地や用途で違ってくる＞

　不動産販売において、「不動産投資はインフレに強い」といったセールストークを聞くことがあります。強調される点は、①一般にインフレ時には不動産の資産価値は増大する（もしくは資産価値は下がりにくい）、②インフレが進むと家賃収入も上昇する傾向がある、③インフレ時には貨幣価値が下がるため投資用ローンも目減りする、というものです。

　まず資産価値ですが、不動産の立地や用途により資産価値の変動の程度は違います。資産価値を増大・維持しやすいのは、人口集積度合いの高い地域の物件や成長分野に関わっている物件です。不動産の評価額は世の中の情勢によって変化しますが、長期ビジョンのしっかり

した都心・商業地の不動産は、資産価値が変動しにくい資産といえます。

　家賃収入の先行きも、不動産の立地や用途により違ってきます。一般に不動産の賃料は、築年数が古いほど下降傾向が強まります。場合によっては、相場よりも安価な設定にしなければならないケースもあるでしょう。しかしながら、希少性の高い都心のオフィスビルなどは、築年数よりも規模や立地が重視される傾向にあり、高い賃料を取れている物件もあります。

　不動産購入において投資用ローンを組む場合、インフレに強い固定金利型のローンが有利です。返済期間中の金利が変わらず、変動金利と比較して返済総額（元金＋支払利息）を抑えられます。不動産投資独自のリスクとして、空室リスク（所有しているマンション等が空室になり賃料が入らない状態になるリスク）、予期せぬ設備の修繕コストの発生、家賃滞納などがありますので十分な注意が必要です。

金利ってそもそも何だろう！
金利の基本を学ぶ

1

気になる金利！
そもそも金利とは何か

—— 金利は、お金を借りた時に支払うお金の賃借料。

金利はお金を借りた時に支払う
お金の賃借料

　第2章から第5章まで、「金利」に関する基本原理、金融市場に関する知識、日銀の金融政策、金利と経済ファクター（景気・物価・株価・為替）の相互作用などを解説します。

　まず第2章は「金利」って何？といった基本からスタートです。金利は個人や企業が活発に経済活動を行うために、なくてはならない存在です。その金利は、「お金の賃借料」のようなものです。

　私たちは、モノやサービスを売り買いするための決済手段としてお金を使っています。ところが、手持ちのお金が足りない時には、金融機関などから借りることもあるでしょう。そのお金を返す時には、通常、お金を貸してくれたお礼として「お金を貸してくれてありがとう」との意味を込めて金利という賃借料を上乗せして支払います。つまり、金利とは、お金が不足している経済主体（政府、企業など）が、お金を貸す余裕のある（将来に向けて貯めている）経済主体（家計など）から、お金を借りた時に支払う「お金の賃借料」となるわけです（図2−1）。

　金融機関のパンフレットやホームページを見ていると、金利のほかに、「利率」「利息」「利子」という金利と同じイメージを持つ言葉が登

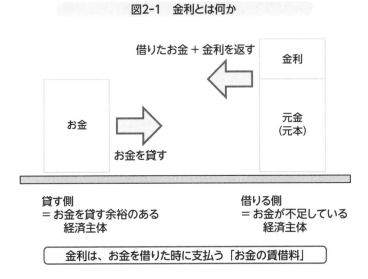

図2-1　金利とは何か

借りたお金＋金利を返す

金利

元金
（元本）

お金

お金を貸す

貸す側
＝お金を貸す余裕のある
　経済主体

借りる側
＝お金が不足している
　経済主体

金利は、お金を借りた時に支払う「お金の賃借料」

場します。ザックリくくると「お金の賃借料」といえますが、使われ方に違いがあります。金利と利率はパーセント表示ですが、利息と利子は金額表示です。会話のなかでは、どうしても言葉は乱れてしまうことはありますが、金融商品の説明や新聞などの経済記事をきちんと理解するためにも、ここで違いを押さえておきましょう。

　まず、パーセント表示される金利と利率ですが、住宅ローンのケースで計算の仕方を説明します。私たちが金融機関からお金を借りる時に支払う「お金の賃借料」は、「2.5％」などと表示されます。ここでの2.5％は借りた金額「元金」に対する賃借料の割合です。たとえば金融機関から住宅ローンを4,000万円借りた時の1年間に支払う賃借料が100万円とします。その時の金利（利率）は、100万円÷4,000万円×100＝2.5％となります。

　ここまで金利や利率は、パーセント表示される点で同じでしたが、実際の用い方は違ってきます。金利は、「市場金利が低下した」「米国の金利が上がった」というように、一般にマクロ経済（国全体の経済）や市場全般の視点で表現する時に用います。それに対して利率は、「定

期預金の利率が 0.8％となった」というように、主に金融商品の収益率（投資金額に対して得られる利益の割合）を表す時に用います。

　次に金額表示される利息と利子です。意味内容は同じですが、預金の場合は利息、債券（企業などがお金を借りるために発行する）の場合は利子を使うのが一般的です。利息を例にみると、定期預金（預入期間 1 年）の利率が 1％の場合、1 年後に受け取れる利息は 100 万円預けた人は 1 万円、500 万円預けた人は 5 万円と計算され、預けた金額「元本」で違ってきます。

　なお、貸し借りするお金を「元金」といったり「元本」といったりすることに戸惑うこともあるかもしれません。一般に借りる側と貸す側といった立場で使い分けます。借りた金額は「元金」、一方、貸した（投資した）金額は「元本」と呼びます。

2

金利は金融市場において
需要と供給のバランスで決まる

—— 預かった預金などに余剰がある金融機関は、金融市場で資金を運用し、一方、資金が不足している金融機関は、金融市場から資金を調達する。

「マーケット・メカニズム」による
金利決定のプロセス

　金利は立場によってとらえ方は違ってきます。資金（＝お金、ここから「資金」を用います）の借り手（需要）にとっては利子があまりつかない「低い金利」が好ましい金利ですが、一方、貸し手（供給）にとっては金利が多くつく「高い金利」が好ましい金利となります。

　金利が変動するのは、資金の借り手（需要）と貸し手（供給）の関係が変化するためです（**図2-2**）。資金の貸し手が借り手より少ない時、貸し手は「借り手がたくさんいるから、強気に貸出金利を引き上げてみよう」と考えて金利の引き上げに踏み切ると考えられます。借り手が「これ以上金利が上がるなら、借りるのをあきらめよう」と考えるまで金利が上がり、バランスが取れたところで止まるでしょう。貸し手に主導権があることがわかります。

　反対に借り手が貸し手より少ない時はその逆で、借り手に主導権があります。借り手は「もっと金利が下がらないなら、他の貸し手から借りよう」と考えます。貸し手の金利引き下げ気運が高まり、貸出金利が需給のバランスが取れるまで下がるでしょう。

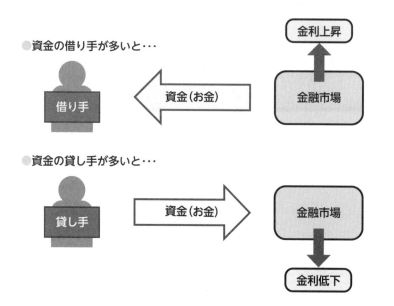

図2-2　金利は資金の需要と供給で決まる

●資金の借り手が多いと…

借り手 ← 資金（お金） ← 金融市場 → 金利上昇

●資金の貸し手が多いと…

貸し手 → 資金（お金） → 金融市場 → 金利低下

　こうした需給関係で金利が動くことは、食卓にならぶ野菜や魚の値段が動くことと原理的に変わりありません。需給のバランスで金利（や価格）が決まる仕組みを「マーケット・メカニズム」や「価格メカニズム」といいます。

貸出金利は
預金金利よりも常に高い

　個人や企業は、余裕資金などを金融機関に預金として預けます。一方、金融機関はその預金を、資金を借りたい個人や企業に貸出しています。金融機関は、資金の貸し手と、資金の借り手との間を取りもつ役割を担っています。こうした役割を金融仲介機能といいます。

　その際、金融機関は、預金者から預かった資金のほか、金融市場から資金を調達して、個人や企業に資金を貸出しています（**図2－3**）。金

融機関が預金者や金融市場から資金を調達するコストを「資金調達コスト」といい、金融機関の貸出金利は、資金調達コストの水準よりも高く設定されます。その差額が利ザヤと呼ばれ、金融機関の利益（儲け）になります。

　預かった預金などに余剰がある金融機関は、金融市場で資金を運用し、一方、資金が不足している金融機関は、金融市場から資金を調達します。このように金融機関は、貸し手と借り手といった立場で金融市場において資金を融通し合っています（**図2－3**）。

　こうした金融市場における自由な資金のやり取り（貸し借り）により、「基準となる金利」が決まります。そのうえで住宅ローンや企業向け融資における貸出金利は、「基準となる金利」に金融機関の利益を上乗せするなど一定のルールで決められていきます。預金に適用される金利（預金金利）や住宅ローンなどの金利（貸出金利）は、金融市場の「基準となる金利」が上昇すると上がり、低下すると下がります。

図2-3　金融機関における資金調達と資金の貸出し

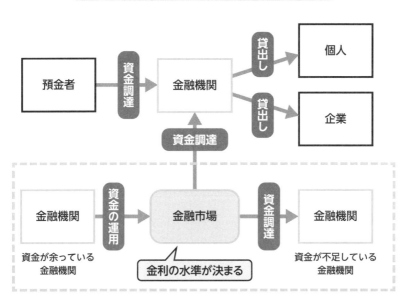

3

企業活動を活発化させる金利低下・企業活動を抑える金利上昇

―― 企業が新規事業の立ち上げ、生産能力増強などで資金を必要とする時、金融機関からの借り入れ条件である金利は極めて重要である。

金利は企業活動にさまざまな影響を与える

　金利は経済活動に大きな影響を与えますが、とりわけ企業活動に顕著に現われます。企業は、新規事業の立ち上げや生産能力増強にあたって、工場の建設や機械、ソフトウェアの購入といった設備投資のため、まとまった資金を必要とします。企業に手持ちの資金があればそれを充てますが、足りなければ金融機関などの外部からの借り入れが必要となります。企業が金融機関からの借り入れを検討する時、もっとも気になるのは適用金利などの借り入れ条件です。金利の動向は、企業経営に大きく影響してきます。

　また、企業においては、原材料を仕入れるための運転資金も必要です。運転資金は、自社製品の売り上げにより手に入る資金や手持ちの資金で賄っていくことが望まれますが、不況による販売収入減で、資金が不足することもあります。企業間では製品を納入してから売上代金が入るまでに数カ月のタイムラグが生じ、一時的に不足する資金を金融機関から借り入れることもあります。企業活動において、金利の水準や動きは目が離せないのです。

金利低下は企業活動のアクセル・上昇はブレーキ

　それでは、企業活動にどのような影響が出るかを金利低下と金利上昇に分けて見ていきましょう。

　まず金利低下ですが、停滞していた企業活動を活性化する効果があります。企業の利払い負担は軽くなり、資金を借りて新規事業や設備投資に取り組みやすくなります。企業は、より低い金利への借り換えを活発化させるでしょう。金利低下は企業活動を活性化させ、企業の業績回復につながる可能性があります（**図2−4**）。

　一方、金利上昇は、行き過ぎたインフレで過熱した経済活動を抑制します。手持ち資金が十分な企業は持ちこたえることができますが、借入金に依存している企業にとって利払い負担が増し、経営に大きな

図2-4　金利低下は停滞していた企業活動を活性化する

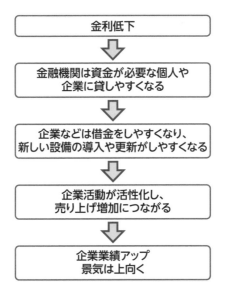

負担となります。そのため金利が上がると企業は新たな借り入れを抑制して、さらに上昇する前に借入金を返済しようとします。設備投資に及び腰となり、景気全体が冷え込んでいくでしょう。金利上昇は、概して企業活動のブレーキとなります。

4 金融市場は取引期間の長さで 短期・長期に分かれる

—— 金融市場は1年以内の金融取引が行われる短期金融市場と、1年超の金融取引が行われる長期金融市場に大別される。

短期金融市場と 長期金融市場

金利には、短期金利と長期金利があります。どんな関係にあるかを見ていきましょう。

まず短期と長期の境目ですが、1年を基準に分かれます。短期金利は、取引期間が1年以内の資金を貸し借りする時に適用される金利です。一方、長期金利は、広義には取引期間が1年超の資金の貸し借りをする時に適用される金利の総称です。狭義には、国際的な比較などに用いる指標金利として、「10年物国債の流通利回り（後述）」を指します。

短期金利と長期金利は金融市場が分かれます。国内の金融市場は、1年以内の金融取引が行われる短期金融市場と、1年超の金融取引が行われる長期金融市場に大別されます（**図2−5**）。2つの市場は、金利の水準や動き方に違いがあります。

短期金融市場は「マネー・マーケット（Money Market）」とも呼ばれ、金融機関だけが参加する「インターバンク市場」と企業なども参加する「オープン市場」に分かれます。また長期金融市場には債券市場と株式市場があり、有価証券（債券や株式）取引が行われます。長

期資金（資本）を調達する場であることから、「証券市場」や「資本市場」とも呼ばれます。

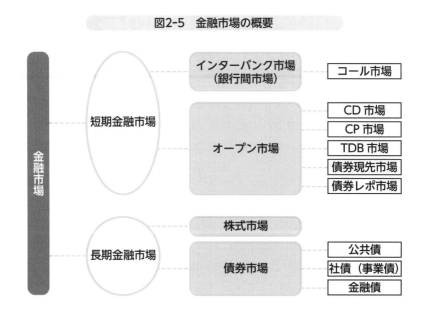

図2-5　金融市場の概要

長期金利はリスクプレミアムの分だけ短期金利より高い

　通常は長期金利の水準は短期預金の水準より高くなります。資金の貸し手（供給側）は、長期に貸すほど返済まで長期間待たなければならないため、その対価を求めようとします。一方、資金の借り手（需要側）は、長期に借りることができれば、その分長期間にわたり資金を利用できるため、必要であれば対価を払ってでも長期の資金を選好します。こうした貸し手・借り手の事情により、長期金利は短期金利より高くなります。

　さらに、債券市場や金融機関の融資は、返済までの期間が長いほど信用リスク（借り手が返済できないリスク）が高くなることも影響し

ます。期間が長くなるほど、経済情勢の変化で借り手が元金や利息の支払いができなくなるおそれが高まります。そのため、長期金利は信用リスクの対価である「リスクプレミアム」の分だけ、短期金利より高くなります。

　日本の代表的な短期金利は、インターバンク市場の「コールレート」とりわけ「無担保コール翌日物金利」、長期金利は「10 年物国債の流通利回り」です。短期金利は、日本銀行の金融政策の影響を強く受けます。一方、長期金利は、将来の物価変動や「将来の短期金利の水準」についての市場関係者たちの「予想」を織り込みながら「マーケット・メカニズム」により自律的に決まります。ただ、日本の長期金利は、日銀がイレギュラーな政策として 2016 年に導入した「長短金利操作（イールドカーブ・コントロール＜ Yield Curve Control ＞以下、頭文字を取って YCC とする）」により水準および変動を抑えています（第4 章で説明）。

日本の長期金利が
欧米の長期金利よりも低い理由

　2022 年の世界的な長期金利の上昇局面で、上昇を続ける米国、ドイツなど先進国の長期金利と、低金利を続ける日本の長期金利（YCC 導入のだいぶ以前から日本は低金利）の差はどんどん広がりました。

　乖離の理由は、米国、ドイツなどに比べて、日本の経済（GDP）成長率が低いことやデフレ経済が続いたことが背景にあると考えられます。

　日本の経済成長率と長期金利を振り返ります。両者は歩調を合わせるようなトレンドを示しています。1970 年代、80 年代の高度成長期から安定成長期にかけては、長期金利は高い状態でした。それが 1990 年のバブル経済崩壊後、日本経済は低成長期に入り、長期金利も低下していきます。1990 年代初に 7 ％を超えていた長期金利は、急激に低

下し、1998年以降は2％をほとんど超えられず、「2％の壁」とも指摘されました。その後も低成長経済のなかで、デフレ脱却を至上命題とする日銀のYCCもあり、長期金利はおおむね0％から1％程度で推移しています。

　まとめると、高い経済成長率の国は、長期資金の需要が強く、長期金利は高くなりやすく、低い経済成長率の国は、長期金利が低くなりやすい傾向にあります。

5 金利（上昇・低下）局面で異なる 変動金利と固定金利の有利・不利

—— 市場金利の上昇が見込まれる場合、金融商品を購入するなら変動金利型が有利。一方、住宅ローンを借りるなら固定金利型が有利。

金利上昇局面では 変動金利型の金融商品が有利

　固定金利は金利が最初から最後まで変わらないタイプ、一方、変動金利は金利が一定期間ごとに変わるタイプです。両タイプの有利・不利は、住宅ローンなど資金を借りる立場と、資産運用など資金を預ける（金融商品を購入する）立場で違いがあります。さらに市場（世の中の）金利の上昇が見込まれる場合と市場金利の低下が見込まれる場合で**図2−6**のとおり違いがあります。金利上昇、金利低下の順に有利・不利を説明します。

図2-6　固定金利と変動金利の違い

先行き、市場金利が上昇するか、低下するかといった判断は、適切な金融商品やローンを選択するうえで重要な要素である。

	金融商品を購入する	住宅ローンなどを借りる
市場金利の上昇が見込まれる場合	変動金利型が有利	固定金利型のローンが有利
市場金利の低下が見込まれる場合	固定金利型が有利	変動金利型のローンが有利

<＜市場金利の上昇が見込まれる場合＞

　金融商品を購入するなら変動金利型が有利です（**図2－7**）。市場金利が上昇すれば、変動金利型の金融商品に適用される金利も上昇するためです。かたや固定金利型の金融商品は、金利が変わらず、金利上昇のうまみを受けられないので不利です。

　一方、住宅ローンを借りる時は、固定金利型のローンが有利です。市場金利が上昇しても、低い借入金利のまま固定されるためです。かたや変動金利型のローンは、金利上昇にともなって総返済額（元金と利息の合計額）が増えてしまうので不利です。

図2-7　お金を貯める金融商品における金利タイプの有利・不利

市場金利の上昇が見込まれる場合	市場金利の低下が見込まれる場合
⇒ 変動金利型商品が有利	⇒ 固定金利型商品が有利

金利　変動金利型商品の適用金利
市場金利
固定金利型商品の適用金利
期間

金利　固定金利型商品の適用金利
市場金利
変動金利型商品の適用金利
期間

＜市場金利の低下が見込まれる場合＞

　金融商品を購入するなら固定金利が有利です（**図2－7**）。市場金利が低下しても、定期預金などの固定金利型の金融商品は高い金利のまま固定されるためです。かたや変動金利型の金融商品は、金利低下にともなって利息が減るので不利です。

　一方、住宅ローンを借りる時は、変動金利型のローンが有利です。市場金利が下がれば、借入金利も下がるからです。かたや固定金利型のローンは、市場金利が下がっているにもかかわらず、高い金利を払い続けるので不利です。

名目金利が動かなくても
物価上昇・物価低下で実質金利は動く

　「実質金利」を聞くことが多くなりました。実質金利は、物価上昇率を勘案した金利のことです。私たちがよく目にする名目金利との違いを見ていきましょう。

　金融機関の店頭などに表示される預金金利など、私たちがよく目にする金利のことを「名目金利」といいます。それに対して実質金利は目に見えません。実質金利は、名目金利から「期待インフレ率」を差し引いた金利です。期待インフレ率は、消費者、企業、市場参加者などが「予想」する将来の物価上昇率をいいます（専門家などは「予想」の代わりに「期待」という）。

　改めて実質金利を式で表わすと、

> ### 実質金利＝名目金利－期待インフレ率

となります。

　預金者にとって、金融機関が提示する名目金利の上昇は「良いニュース」です。しかしながら、本当に良いかどうかは物価上昇まで含めなければ正しく判断できません。物価が上昇していると買い物をする時に多くの購入資金が必要となり、金利上昇の恩恵が実感できず、目減りしていることもあります。その物価上昇を差し引いた金利が実質金利です。実質金利により、本当に金利収入が家計にとって役に立っているかどうかが判断できます（**図2-8**）。

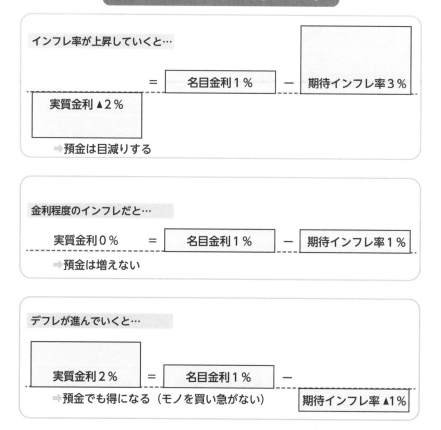

図2-8　名目金利と実質金利

実質金利 ＝ 名目金利 － 期待インフレ率

インフレ率が上昇していくと…

実質金利 ▲2％　＝　名目金利1％　－　期待インフレ率3％

➡ 預金は目減りする

金利程度のインフレだと…

実質金利0％　＝　名目金利1％　－　期待インフレ率1％

➡ 預金は増えない

デフレが進んでいくと…

実質金利2％　＝　名目金利1％　－　期待インフレ率 ▲1％

➡ 預金でも得になる（モノを買い急がない）

　たとえば、預入期間1年の定期預金があり金利は1％とします。これに対して、物価上昇率は1％とすると、加味した実質金利はゼロとなり、喜ぶような話でないことがわかります。ここで物価上昇率が3％に上昇すると、加味した実質金利は▲2％となり、この定期預金は「実質的には目減り」しています。名目金利が動かない状態が続いていても、物価上昇あるいは低下次第で実質金利は動くこともあり、まさに実質的な金利がわかるのです。

第3章

債券は難しい！
でも基本をつかむと
金利の理解が深まる

金利の理解に欠かせない
債券の基礎知識

—— 債券投資は、利子「インカムゲイン」が得られるほか、債券の購入価格と売却価格（償還時は額面金額）の差益「キャピタルゲイン」も狙える。

債券投資は
比較的安定的に運用できる手段

国や企業は、債券の発行により資金を調達します（**図3－1**）。債券は金利と密接な関係がありますので、債券を学ぶと金利の理解が深まります。この第3章では債券について詳しく説明します。

そもそも債券は、国や企業などの発行体が、投資家から資金を借りるために発行する有価証券です。発行時に利子の支払いなどの条件を約束して発行します。発行体は、低い金利の時に利子を低く固定して債券を発行（固定金利を適用）すれば、金利が上がっても償還期限（債券で調達した資金の返済期限）まで低い金利のまま借り続けられます。金利が下がれば下がるほど、企業にとって債券を発行する好機となるわけです。反対に高い金利の時の発行は、利子の支払い負担が重くなります。

発行体から見た債券の特徴は、①中長期の資金調達に適していること、②金融機関からの借り入れに比べて資金の使途が自由であること、③新株発行による増資とは違い返済の必要があることが挙げられます。

図3-1 債券の仕組み

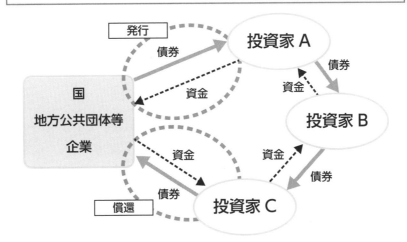

債券とは……一定の信用力ある企業等が発行する借用証書の一種。
債券の発行は、発行体から見た場合には債務（借金）に、購入者から
見た場合は債権（資金の貸し出し）に当たる。

債券は他人への譲渡が可能であり、償還期限前に現金化することができる。
また、償還期限まで保有すれば額面金額を受け取れる。

　一方、投資家からみると、債券投資は、比較的安定的に運用できる
手段です。収益性、安全性、換金性といった観点から次の特徴があり
ます。

＜収益性＞

　債券投資は、発行から償還までの全期間、保有しているだけで「イ
ンカムゲイン」として利子収入が得られます。インカムゲインは、株
式投資であれば配当金、不動産投資であれば家賃収入に相当します。
利子の決まり方により「確定利付債」と「変動利付債」があります。
確定利付債は、発行から償還までの全期間、発行時に決められた利率
による利子が受け取れます。変動利付債は、利払いの際の利率が金融

市場の動向（金利水準）によって変動します。

　また債券投資は、発行から償還までの間に売買することができ、保有していた債券を売却することによって得られる差益として「キャピタルゲイン」も狙えます。長期の固定金利の債券は、市場金利の低下局面では債券価格の上昇が見込まれ投資としての魅力がアップします。反対に市場金利の上昇局面では債券価格の低下により投資採算は悪化します。債券価格や利回りについては後ほど説明します。

＜安全性＞

　債券の利払いや償還は発行体により約束されます。ただ、発行体が破綻すると返済不能や遅延といったデフォルト（債務不履行）が発生します。安全性を高めるために元利金の支払いに政府の保証が付く債券もあります。

＜換金性＞

　債券はいつでも売却して換金できますが、償還と違い売却価格は債券市場の状況により変動します。売却のしやすさも債券の信用力などにより異なります。一般に信用力や知名度が高く、同一銘柄の発行額が多く、広範囲な投資家に保有されている債券ほど換金性が高いといえます。換金性が劣ると、売却が困難であることや、条件が悪くなることがあります。

償還の時に債券保有者のもとに必ず額面金額が戻る

　さらに債券の説明を続けます。債券の保有者には償還時に額面金額が戻ってきます。債券が通常の資金の貸し借りと違うのは、投資家が出した金額（発行時や購入時に支払った金額）ではなく、発行時に決めた金額（額面金額）が戻ってくることです。

　債券は必ずしも額面金額で発行されるわけではありません。多くの

投資家に購入してもらうため、額面金額より安く発行されることもあります。差額は利益となり、これを償還差益といいます。

　新規に発行する時の価格は発行価格といい、額面金額 100 円当たりで表示されます。発行価格には、額面よりも安く発行されるアンダーパー発行、額面よりも高く発行されるオーバーパー発行、額面どおり 100 円で発行されるパー発行があります。たとえば「額面金額 10 万円」で「額面金額 100 円当たり発行価格が 100.75 円」の債券を購入する時に必要な資金は、100,000 円 ÷ 100 円 × 100.75 円 = 100,750 円となります。債券の発行価格はその都度変わり、毎月発行されている利付国債でも、額面金額 100 円につき 99.93 円で発行される時もあれば、100.07 円で発行される時もあります。ここでオーバーパー発行だと差益ではなく差損（償還差損という）が発生する、といった疑問が生じるかも知れません。そんな債券を購入する投資家がいるのか？と思うかもしれませんが、受け取る利子収入が償還差損を上回れば投資できる場合もあります。

2
債券投資において債券価格と
利回りは反対方向に動く

—— 債券の需要が高まると、買う人が売る人よりも多くなることから債券価格は上昇し、利回りは低下する。

債券は需要が高まると債券価格は上昇し
利回りは低下する

　債券価格は、債券投資で得られる「利回り」とは反対方向に動くことは債券の特性や金利のことを理解するうえで大事なポイントです。

　債券価格は、刻々と変動する「時価」であり、100円（額面）よりも安く購入すれば、購入価格と償還時の100円（額面）との差益を得ることができます。逆に100円（額面）より高く購入すると差損が出ます。したがって、債券価格が低下すると利回りは上昇し、債券価格が上昇すると利回りは低下します。

　また債券価格は、債券市場における需給バランスにより決まります。債券を売る人よりも買う人が多い時（つまり、債券の需要が強い時）は債券価格が上昇し、逆に債券を買う人よりも売る人が多い時（つまり、債券の需要が弱い時）は債券価格が低下します。

【債券価格と利回りの関係】

債券の需要が強い ➡ 債券価格は上昇 ➡ 利回りは低下

債券の需要が弱い ➡ 債券価格は低下 ➡ 利回りは上昇

　債券価格と利回りの関係を、利子収入も含めた「最終利回り」の計算式により確認しましょう。最終利回りは、既発債の購入価格（債券価格）と償還まで保有した時の額面金額との差額を残存期間で割ることで算出される1年当たりの差損益に、利子（表面利率）を加えて算出します。つまり、途中で買って最後まで保有した時の利回り（1年当たりの利益の購入価格に対する割合）です。

$$最終利回り（\%）= \frac{表面利率 + \dfrac{額面（100円）- 購入価格}{残存期間}}{購入価格} \times 100$$

　たとえば表面利率2％、額面価格100円、残存期間5年の10年物国債を、97円で購入した時と、103円で購入した時の最終利回りを計算します。

（97円で購入した場合）

$$最終利回り（\%）= \frac{2\% + \dfrac{100円 - 97円}{5年}}{97円} \times 100 = 2.68\%$$

（103円で購入した場合）

$$最終利回り（\%）= \frac{2\% + \dfrac{100円 - 103円}{5年}}{103円} \times 100 = 1.36\%$$

　以上の計算から、購入価格（債券価格）が安くなれば利回りは上昇し、高くなれば利回りは低下することが確認できます。最終利回りを

計算例に説明してきましたが、新発債を償還まで所有した時の利回り
を「応募者利回り」、既発債を購入してから償還前に売却するまでの利
回りを「所有期間利回り」といいます（**図3−2**）。利付債の各利回り
の計算式は、**図3−3**のとおりです。

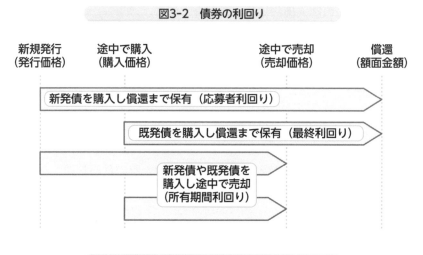

図3-2　債券の利回り

図3-3　利付債の各利回りの計算式

$$\text{応募者利回り（％）} = \frac{\text{表面利率} + \dfrac{\text{額面（100円）} - \text{発行価格}}{\text{償還期間}}}{\text{発行価格}} \times 100$$

$$\text{最終利回り（％）} = \frac{\text{表面利率} + \dfrac{\text{額面（100円）} - \text{購入価格}}{\text{残存期間}}}{\text{購入価格}} \times 100$$

$$\text{所有期間利回り（％）} = \frac{\text{表面利率} + \dfrac{\text{売却価格} - \text{購入価格}}{\text{所有期間}}}{\text{購入価格}} \times 100$$

利子がつかない代わりに 額面金額より安く販売される割引債

　債券には**図3−4**のとおり、定期的に利子を受け取れる「利付債」と受け取れない「割引債」があります。日本で発行される債券のほとんどは利付債ですが、利子がつかない割引債もあります。

図3-4　利付債と割引債の違い

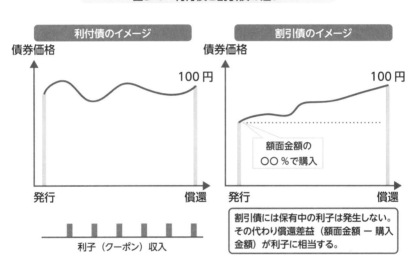

　あらためて利付債を説明します。利付債は、発行から償還まで、定期的（年１回または２回）に利子を受け取れる債券です。利子は、額面金額に対する利率によって決まり、利率は表面利率またはクーポンレートと呼ばれます。利率は購入金額ではなく、額面金額に対する利子の割合ですので注意しましょう。債券の利子が発行当初のまま固定される「確定利率債」と、利払い期間ごとに市場金利に連動して利率が変動する「変動利率債」の２種類があります。大半の債券は確定利付債です。

　割引債は、利子を受け取れない代わりに、額面（100円）から利子

相当分を差し引いた価格で発行されます。発行から償還までの間に購入することもでき、最後は額面で償還されます。償還時の額面と、発行価格や購入価格の差が利子の代わりとなります。海外では、割引債のことをクーポンがゼロであるところから「ゼロクーポン債」と呼んでいます。

3
市場金利が上昇すれば
債券価格は低下する

—— 市場金利が上昇すると新発債が有利となる。既発債の需要は落ち、債券価格は低下する。

債券投資において押さえたい！
市場金利と債券価格の関係

　債券には、知っておきたいリスクとして金利変動（価格変動）リスクと信用リスクがあります。まず金利変動（価格変動）リスクを説明します。

　市場金利（世の中の金利）が変動すると、債券価格も変動します。債券投資においてキャピタルゲインを得たい時は、市場金利と債券価格の関係を理解することが大事です。

　確定利付債は、発行時に決められた利率が償還まで変わりませんので、毎年受け取る利子も変わりません。そのため市場金利の変動は、債券価格によって調整されることになります。一般に「市場金利が上昇すると債券価格は低下する」、反対に「市場金利が低下すると債券価格は上昇する」ことをしっかりと押さえておきましょう。

> 【市場金利と債券価格は反対方向に動く】
> 市場金利の上昇 ➡ 債券価格の低下
> 市場金利の低下 ➡ 債券価格の上昇

なぜこのような関係となるかを数値例で説明します。**図3−5**のように、市場金利が何らかの理由で２％から３％に上昇したとします。すでに発行されている利率２％の債券（残存期間５年、債券価格99円とする）は年２％の利子を得られます。しかし、５年物の新発債の利率は、市場金利の上昇を受けて３％の方向に上昇するでしょう。そうすると新規の投資家は、利率２％の既発債を買うよりも利率の上昇した新発債を買ったほう有利と考えるので、利率２％の既発債の購入を避けます。既発債の人気（需要）は落ち、債券価格は99円よりも下がります。既発債を保有している投資家は、利子が低い分を償還差益で補えるところまで価格を下げて売るしかありません。

　反対に市場金利が２％から１％に低下したとします。新たに発行される５年債の利率は、市場金利の低下を受けて１％の方向に低下するでしょう。そうすると利率２％の既発債の人気（需要）は高まり、債券価格は99円よりも上がります。既発債を保有している投資家は、値上がりした価格で売ることができます。新規の投資家は、新発債の購入を避け、既発債の購入に向かう可能性が高まります。

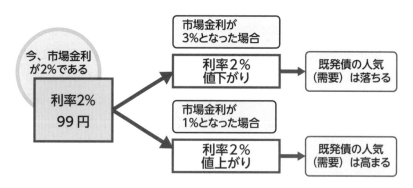

図3-5　市場金利と債券価格は反対方向に動く

償還までの期間が長いほど 債券価格は大きく変動する

　市場金利の変動による「債券価格の変動度合い」は、①債券の「償還までの期間（以下、残存期間という）」や②「表面利率」といった要因により違います。ここから、残存期間、表面利率の順に詳しく見ていきます。

　まず残存期間との関係を説明します。

　ポイントをまとめると、残存期間は長いほど、債券価格の変動は大きくなります。価格変動の大きいことをボラティリティー（Volatility）が大きいといいます。反対に残存期間が短いほど、債券価格の変動は小さく（ボラティリティーは小さく）なります。それは、5年、10年さらに20年と残存期間が長くなると、市場金利の変動のほかにも、景気、インフレ、災害、戦争などのリスクの発生も想定されるためです。

　詳しく見ていきます。市場金利の変化に注目すると、残存期間が長い（短い）債券ほど市場金利が変化した時の債券価格の変動は大きく（小さく）なります。市場金利が変化した時の債券価格の変動度合いとして、「修正デュレーション」という専門用語が使われています。修正デュレーションは、「市場金利の変化に対する、その債券の価格変化率」と定義され、修正デュレーションが大きい（残存期間が長いほど大きい数値となる）債券ほど、市場金利に対する債券価格の変動度合い（金利感応度）が高いことを意味します（**図3－6**）。

【修正デュレーションが大きい（小さい）債券】
市場金利の上昇 ➡ 債券価格が大幅に（小幅に）低下する
市場金利の低下 ➡ 債券価格が大幅に（小幅に）上昇する

　理論的には、たとえば債券の修正デュレーションが5とすると、1％の市場金利上昇に対して債券価格は5％低下する、修正デュレーショ

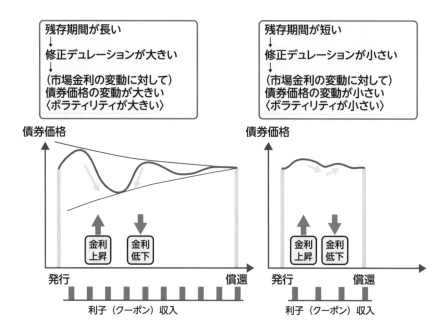

図3-6 修正デュレーションと債券価格の変動度合い(イメージ図)

残存期間が長い
↓
修正デュレーションが大きい
↓
(市場金利の変動に対して)
債券価格の変動が大きい
〈ボラティリティが大きい〉

残存期間が短い
↓
修正デュレーションが小さい
↓
(市場金利の変動に対して)
債券価格の変動が小さい
〈ボラティリティが小さい〉

債券価格

債券価格

金利上昇　金利低下

金利上昇　金利低下

発行　　　　　　　　償還

発行　　　償還

利子(クーポン)収入

利子(クーポン)収入

ンが10とすると、1%の市場金利上昇に対して債券価格は10%低下すると考えられます。

さらに細かくなりますが、修正デュレーションの算出に用いる残存期間は、元本の回収までの残存期間だけでなく毎回の利子受取り(投資家からみると回収に相当)までの残存期間も考慮します。元本と利子は金額がまったく違い、投資家が回収する残存期間も元本と毎回の利子で違ってきます。修正デュレーションの算出においては、これらの違いを織り込んだ複雑な計算が行われます。

個人が投資できる債券型ファンド(債券型投資信託)は、修正デュレーションをリスク管理における重要な指標としています。債券型ファンドには、組み入れた多数の債券の「平均残存期間」により算出した修正デュレーションが示されています。原則的に「平均年限が長いポートフォリオを持つ債券型ファンドはハイリスク・ハイリターン」

であるといえます。債券型ファンドの運用報告書や目論見書などに、修正デュレーションが示されています。

表面利率の高低も債券価格の変動に影響を与える

ここから表面利率との関係を説明します。

ポイントをまとめると、表面利率が低いほど、債券価格の変動は大きくなります。反対に表面利率が高いほど、債券価格の変動は小さくなります。

理解の鍵は、表面利率と修正デュレーションの関係にあります。修正デュレーションを計算する時の残存期間は、元本の回収までの残存期間だけでなく毎回の利子受取りまでの残存期間も考慮することを指摘しました。他の条件が同じなら、表面利率が高い債券のほうが元本・利子を早めに回収できますので、修正デュレーションは小さくなります。反対に表面利率が低い債券のほうが元本・利子の回収が遅れますので、修正デュレーションは大きくなります。

【表面利率が高い（低い）債券】

市場金利の上昇 ➡ 債券価格が小幅に（大幅に）低下する

市場金利の低下 ➡ 債券価格が小幅に（大幅に）上昇する

表面利率のない債券（ゼロクーポン）である割引債は、市場金利の変化に対する債券価格の変動がとても大きいといった特性が浮き彫りとなります。

債券の価格変動に関する特性を指摘してきましたが、最後に、金利上昇局面と金利低下局面における債券投資（債券のポートフォリオ）のスタンスを整理します。投資効率を高めるため、金利上昇が予想される時は「長期債売り・短期債買い」が、反対に金利低下が予想され

る時は「短期債売り・長期債買い」が基本となります（**図3－7**）。

図3-7　金利の上昇局面・低下局面における債券投資のスタンス

長期債ほど価格変動は大きく、短期債（残存期間の短い長期債を含む）ほど価格変動は小さい。

金利上昇局面	債券価格は低下するため、価格変動の小さい短期債（残存期間の短い長期債を含む）が有利	〔デュレーションが小さい債券にシフト〕長期債から短期債（残存期間の短い長期債を含む）への入替えが有利
金利低下局面	債券価格は上昇するため、価格変動の大きい長期債が有利	〔デュレーションが大きい債券にシフト〕短期債（残存期間の短い長期債を含む）から長期債への入替えが有利

4

信用格付けの低い債券ほど 利回りは高い

—— 発行体にとって、信用リスクが高いほどリスクプレミアムとして上乗せ分の金利が生じ、資金調達コストが増す。

信用リスクの判断に役立つ! 格付け会社の発表する格付け

　続いて信用リスク（デフォルトリスク）を説明します。信用リスクは、債券の発行体が経営破綻などにより債券の償還や利払いができなくなるリスクのことです。発行体にとっては、信用リスクが高いほど「リスクプレミアム」として上乗せ分の金利が生じ、資金調達コストが増します。一方、投資家にとってのリスクプレミアムは、「ハイリスク・ハイリターン」を意味します。ただし、そのリスクプレミアムを認識すること、つまり個別企業の経営状態を調査・分析して信用リスクを把握することは容易ではありません。そこで投資家は、信用リスクの判断を専門とする格付け会社が発表する信用格付け（以下、格付け）を利用します。

　格付け会社のなかでも、スタンダード・アンド・プアーズ（以下、S&P）、ムーディーズ・インベスターズ・サービス（以下、ムーディーズ）およびフィッチ・レーティングス（以下、フィッチ）が世界の３大格付け会社とされます。日本でも格付投資情報センター（以下、R&I）と日本格付研究所（以下、JCR）の２社が日本企業を中心に格付け業

務を行っています。格付け会社は、長期債務（残存期間の長い債券）の格付けのほか、短期債務（残存期間の短い債券）の格付けなどを発表しています。さらに長期債務の格付けにも、発行体に対する格付け「発行体格付け」と、個々の債券に対する格付け「個別債券格付け」があります。

BB格以下は
投機的格付債として投資リスクが高い

　格付けは一般に、アルファベットなどの記号で表します（図3－8）。投資家は、記号で発行体の信用リスクを判断することができます。長期債務の格付けでAAA格からC格までの記号で格付けしている場合、AAA（トリプル・エー）が最も債務履行能力が高く、AAA以下、AA、A、BBB……と順に債務履行能力は低くなります。その際にBBB（トリプル・ビー）とする格付けをBaa（ビー・ダブル・エー）と表現する体系としている格付け会社もあります。アルファベット記号の定義は、格付け会社の独自の表現です。ある会社のBBB格の定義は「債務

図3-8　格付け会社による長期債務の格付け

	S&P、フィッチ、R&I、JCR		ムーディーズ	
投資 適格債	AAA	トリプル・エー	Aaa	トリプル・エー
	AA	ダブル・エー	Aa	ダブル・エー
	A	シングル・エー	A	エー
	BBB	トリプル・ビー	Baa	ビー・ダブル・エー
投機的 格付債	BB	ダブル・ビー	Ba	ビー・エー
	B	シングル・ビー	B	ビー
	CCC	トリプル・シー	Caa	シー・ダブル・エー
	CC	ダブル・シー	Ca	シー・エー
	C	シングル・シー	C	シー

＊ムーディーズの体系は、信用度の違いを表わすために数字の1～3が付けられる。一方、S&P等の体系は、それぞれの格付け符号の後に、同一ランク内の信用度の違いを表わすために＋付加、無表示、－付加とされる。

を履行する能力は適切であるが……債務履行能力が低下する可能性が
より高い」と表現していますが、他社のBBB格の定義は異なります。
また、どの格付けにどの程度のリスクがあるかを定量的には示してい
るわけでもありません。

　一方、共通にいえることは、BBB格とBB格の間で、事後的に判明
するデフォルト率において大きな格差があることです。一般にBBB格
以上を投資適格債とし、BB格以下は投機的格付債（ハイ・イールド
債やジャンク債とも呼ばれる）としています。

　一般に格付けの高い債券ほど利回りは低く（債券価格は高く）、格付
けの低い債券ほど利回りは高く（債券価格は低く）なります。また、
債券のなかでも国債の信用力はもっとも高くなります。国債を発行す
る政府は、国民から税金を徴収する権利（「徴税権」と呼ばれる）を
もっていますので、借金返済の最終手段として増税ができるためです。
貸した資金が返ってこない可能性としての国債の信用リスクは、同じ
発行条件（価格や期間、利率）の他の債券と比べもっとも低いことか
ら、国債の利回りはもっとも低くなるのです。

　ここで国債の利回りに関連して知っておきたいのが「クレジットス
プレッド（信用スプレッド）」です。企業の発行する社債の利回りは、
国債の利回りに比べて高くなります。社債の利回りと国債の利回りの
差分（社債の利回り－国債の利回り＜同一の残存期間の債券同士での
計算が前提＞））は、信用リスクの大きさにより異なります。この差
分がクレジットスプレッドです。発行体の信用力が上昇すれば、クレ
ジットスプレッドは縮小し、当該発行体の債券価格は上昇します。一
方、発行体の信用力が低下すれば、クレジットスプレッドは拡大し、
当該発行体の債券価格は低下します。

	利回り	債券価格
信用力上昇➡クレジットスプレッド縮小	低下	上昇
信用力低下➡クレジットスプレッド拡大	上昇	低下

数値以外の定性的評価を重視する
ソブリン格付け

　カントリーリスクは、投資対象国・地域において、政治的・経済的なリスクが原因で証券市場や為替市場に混乱が生じ、投資した資産価値の変動などが起こる可能性のことをいいます。特に政府などの発行する債券に投資する場合は、発行元の国の政治・経済状態はとても重要です。各国政府の信用リスクを評価する「ソブリン格付け」を見ていきます。

　ソブリン格付けは、「政府が、当初の契約どおりに債務を履行する意思と能力を有するかを評価し、債務履行の確実性を符号で表わしたもの」です。発行体である政府と投資家の間には、情報の非対称性（投資家は、政府の信用リスクに関する情報を十分に得られない）があります。そのギャップを埋める役割をソブリン格付けが果たします。

　S&Pやムーディーズなど格付け会社は、定量的評価と定性的評価に基づきソブリン格付けを判断しますが、民間企業の社債格付けに比べて、定性的評価のウエイトが高いといえます。ソブリン格付けにおける定量的評価は、国際収支、外貨準備高、対外債務、政府の財政収支など数値化でき客観的評価がしやすいことが特徴です。一方、定性的評価は、①その国が置かれている立場（先進国か途上国か、EUやTPP＜環太平洋パートナーシップ協定＞など政治的・経済的な同盟関係があるかなど）、②国家の経済体制（市場経済の程度、政府による規制の強弱など）、③国際資本移動のリスクと資本流出に伴うマクロ経済への影響など、数値化が難しい要素を多面的に見ていくことになります。

　投資対象国の政治的・経済的なリスクを知る材料となるソブリン格付けですが、その格下げには注意が必要です。格下げのニュースが広がる（あるいは懸念が高まる）と、過剰反応する投資家も少なくありません。動きが速い国際的な投資マネーは、金融市場を不安定にする

可能性もあります。資本流出による対象国の通貨の減価は、マクロ経済を悪化（輸入インフレなど）させ、さらなる格下げを惹起することもあります。

5

債券は種類が豊富！どのような種類があるか

── 日本では発行額の90％程度が公共債。なかでも国債のウエイトが高い。市場金利が上昇する局面では個人向け国債・変動10年が有利。

債券の中核をなす国債のラインナップ

債券は、発行体が国、地方公共団体か民間かで、「公共債」と「民間債」に分けられます（**図3-9**）。公共債には、国（政府）が発行する「国債」と都道府県等の地方公共団体が発行する「地方債」があり、さらには政府関係機関が発行する「政府関係機関債」もあります。民間債には企業の発行する「社債（事業債）」と特定の金融機関が各根拠法に基づき発行する「金融債」もあります。

図3-9　発行体による債券の分類

　日本では公共債の割合が高く、発行額の90％程度が公共債です。そのなかでも中心は国債です。国債は、政府が社会資本の整備・拡充や歳入不足の填補など財政上の必要に応じて発行する債券です。政府が発行するのですべての債券のなかで最も信用力が高く、取引の場である市場での流通量も多く、換金性に優れています。日本国債は、英語では「JGB：Japanese Government Bond」と呼ばれています。国債には多くの種類があり、主なものは次のとおりです。

＜利付国債＞

　利付国債は文字どおり期中に利子が支払われるものです。流通量が多く、いつでも売買できる高い流動性があります。利付国債（後述の個人向け国債を除く）は、個人やマンション管理組合なども一般に「新型窓口販売方式」と呼ばれるルートで金融機関（証券会社、銀行、ゆうちょ銀行＜郵便局＞など）から購入できます。満期10年・5年・2年の固定利付国債が毎月発行され、購入は最低5万円から5万円単位、半年ごとの利払いとなります。原則いつでも時価で売却でき、市中の（世の中の）金利情勢によっては元本割れを起こすことも、売却益を得ることもあります。

＜個人向け国債＞

　個人向け国債は、10年満期、5年満期、3年満期といった3種類が発行されています（**図3－10**）。このうち、10年満期だけが変動金利で、5年満期と3年満期は固定金利です。申込単位は、10年満期、5年満期、3年満期とも額面金額1万円からです。発行頻度はすべて毎月、換金は発行日から1年経過した日から行うことができます。ただし、大規模な自然災害により保有者が被害を受けた場合または保有者本人が死亡した場合は、1年以内でも換金できます。

　個人向け国債は、利率面やインフレ対応力からも、定期預金など他の金融商品に比べて概して有利であり、かつ元本割れがなく、最低金

図3-10　個人向け国債の種類

	3年固定金利型	5年固定金利型	10年変動金利型
償還期限	3年	5年	10年
金利タイプ	固定金利 <半年に1回利払い>		変動金利(半年ごとに変動) <半年に1回利払い>
金利設定方法	基準金利－0.03%	基準金利－0.05%	基準金利×0.66
基準金利	市場実勢利回りを基に計算した期間3年の固定利付国債の想定利回り	市場実勢利回りを基に計算した期間5年の固定利付国債の想定利回り	10年固定金利国債の平均落札価格を基に計算される利回り
下限金利 (最低保証金利)	0.05%		
購入単位	最低1万円から1万円単位(額面金額100円につき100円)		
償還金額	額面金額100円につき100円		
換金	1年後から		
中途換金時 の金額	額面金額＋経過利子－中途換金調整額		
中途換金 調整額	中途換金時に、直前2回分(1年分)の税引前の利息相当額に0.8を掛けた値が差し引かれる。		
発行頻度	毎月		

利も保証（0.05％と定められている）されています。歴史的な低金利のなかで、市場金利（世の中の金利）が上昇した時に固定金利と変動金利のどちらが得かは重要です。市場金利の上昇局面では、「変動10年」はその動向にあわせて**図3－11**のとおり金利が上昇していきますが、「固定5年」と「固定3年」は、満期まで金利が変わりません。そのため、市場金利が上昇すると考えるなら変動金利が有利といえます。

＜物価連動国債＞

　物価連動国債は、変動するのが金利ではなく元本という珍しい国債です。この国債の商品内容は第1章で説明していますので、ここでは省略します。

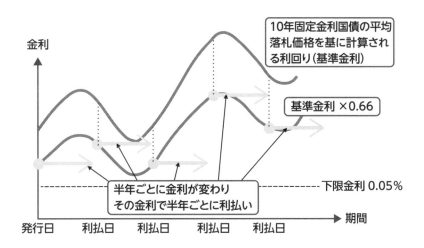

図3-11 個人向け国債（10年満期・変動金利型）の金利のイメージ

社債の利率は企業の信用力や
発行時の金融情勢で変わる

　民間債とは、民間企業が発行する債券の総称です。民間企業が金融市場から直接資金を調達するために発行する社債（事業債）、金融機関が根拠法に基づいて発行する金融債があります。

＜社債＞

　社債には普通社債と新株予約権付社債があります。

　普通社債は、企業が設備投資資金や運転資金、過去に発行した社債等の償還資金などを調達するために発行する債券です。債券の保有者に支払う利率は、企業の信用力や発行時の金融マーケット情勢などによって変わります。利率は、信用力の高い企業は低く、低い企業は高くなります。満期まで保有すれば企業から額面金額の資金が戻りますが、中途で売却すると売却損が発生することもあります。償還までの期間が中長期にわたることもありますので、企業の信用力や金融マー

ケット情勢について十分注意することが必要です。

　新株予約権付社債は、企業が発行する債券の1つで、その社債を転換価額で株式に転換することができます。保有者は、発行時に決められた転換価額で企業の株式を取得してもよいし、利子を受け取りながら額面での償還を待つこともできます。株価が転換価額を上回った時に株式に転換して売却すると利益が得られます。一方、株価が転換価額を下回った時には、償還まで債券として保有したほうが有利となります。いわば、株式と債券のいいとこ取りをした社債といえます。

＜金融債＞

　農林中央金庫法や信用金庫法など特別な法律に基づき、資金調達のために発行する債券です。以前は長期資金を得るための手段として発行され、債券の流通市場において大きな役割を果たしてきました。しかしながら、金融機関における資金調達手段が多様化したことから、発行を取りやめる金融機関が相次いでおり、金融債の存在意義は薄れています。

為替変動の影響を受ける 外貨建て外債

　外債（外国債券）は、常に為替リスクを伴うと思われているかも知れません。実は為替リスクを伴わない外債もありますので、ここで外債の定義を確認しておきます。

　外債は、「発行体の国籍、発行場所（市場）、通貨のいずれか1つでも日本以外である債券」のことをいいます。外債は、通貨建てにより「円建て外債」、「外貨建て外債」、「二重通貨建て外債」の3つに分類できます。それぞれを概略説明します。

　円建て外債は、国際機関や外国の政府、企業などが「国内外」において円建てで発行する債券です。さらに、日本の企業が「国外」で発

行する円建ての債券も円建て外債に含まれます。円建て外債は、発行時の払込み、利払い、償還をすべて円建てで行うため為替リスクはありません。

　次に外貨建て外債は、国際機関や外国の政府、企業などが「国内外」において外貨建てで発行する債券です。さらに、日本の企業が「国内外」で発行する外貨建ての債券も外貨建て外債に含まれます。外貨建て外債は、払込み、利払い、償還をすべて外貨建てで行うため為替リスクはあります。つまり、外国為替相場（円貨と外貨の交換比率）が円安になる過程では外貨建て外債を円換算した価値は上昇し為替差益が生じます。反対に円高になる過程では円換算した価値は下落し為替差損が生じます。為替リスクについては第6章で詳しく説明します。

　3つ目の二重通貨建て外債は、払込み、利払い、償還に異なる2種類の通貨が使われる債券です。外貨建てで支払われる部分については為替変動の影響を受けるため為替リスクを伴います。タイプとして、払込みと利払いが同じ通貨で償還が異なる通貨となる「デュアル・カレンシー債」、払込みと償還が同じ通貨で利払いが異なる通貨となる「リバース・デュアル・カレンシー債」などがあります。

第4章

金利が決まる金融市場とイールドカーブを理解する

1

短期金融市場の
仕組みを知ろう

―― インターバンク市場は、金融機関同士が短期資金
の過不足を調整する役割を果たす。日銀は公開市場操
作により、短期金利をコントロールする。

短期資金の過不足調整の場
「インターバンク市場」

　インターバンク市場は、銀行や証券会社などの金融機関だけが参加
でき、金融機関同士が資金を融通し合う市場です。日銀はこの市場に
参加し、「公開市場操作」と呼ばれる金融調節を行っています。参加者
は銀行のほか、信用金庫、証券会社、保険会社、短資会社（銀行間の
貸借取引の仲介等を行う専門会社）などとなります。

　金融機関は営業活動のなかで、短期的に資金が余ったり、足りなく
なったりします。インターバンク市場のなかでもコール市場は、短期
資金の過不足を調整する役割を果たしています（**図4－1**）。コールと
いう呼称は「呼べば応える」という意味で、金融機関にとって短期の
資金の貸し借りの場です。コール市場は、取引期間を軸に翌日物（取
引期間1営業日）とターム物（取引期間が2営業日以上1年以下）に
分かれます。代表的な指標として「無担保コール翌日物金利」があり、
日銀の「政策金利」に位置付けられます。またターム物は、「全銀協
TIBOR（Tokyo InterBank Offered Rate）」として一般社団法人全銀
協 TIBOR 運営機関が公表しています。

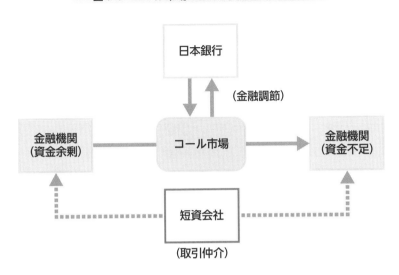

図4-1 コール市場における資金過不足調整

　ここで日銀の役割を見ていきます。日銀は、無担保コール翌日物を取引するコール市場に資金介入（資金を供給したり吸収したりすること）して、コール市場で生じる金利の一時的な上下動（資金の一時的な過不足が原因）を均して（金融調節という）安定化させます。加えて景気判断に基づき、「無担保コール翌日物金利」を金融政策の意図する方向に「誘導」しています。

大手企業や地方自治体も参加する「オープン市場」

　オープン市場は、銀行、証券会社などの金融機関のほか、商社などの大手企業、地方自治体なども参加しています。オープン市場には、資金調達や運用ニーズの多様化から、さまざまな専門的な金融商品を取引する市場があります。ＣＤ（譲渡性預金；"Certificate of Deposit"の略）市場、ＣＰ（コマーシャルペーパー；"Commercial Paper"の略）市場、ＴＤＢ（国庫短期証券；"Treasury Discount Bills"の略）市場、

債券現先市場などがありますが、ＣＤ市場がその中核をなしています。

　ＣＤ市場は、第三者への譲渡が可能な定期預金であるＣＤ（譲渡性預金）を発行・売買する市場です。大手銀行を中心とする金融機関が資金調達手段として、また企業が余剰資金を運用する場として利用しています。ＣＤの多くは、３カ月までの短期です。

　ＣＰ市場は、信用力のある優良企業が短期資金調達のために発行するＣＰ（コマーシャルペーパー）の売買市場です。

　ＴＤＢ市場は、ＴＤＢ（国庫短期証券）を発行・売買する市場です。ＴＤＢは、2009年にＴＢ（割引短期国債）とＦＢ（政府短期証券）の２種類が統合された短期の国債（償還期間１年以内）です。この発行は、国債の償還（満期を迎えた国債保有者に資金を返済すること）などをスムーズに行うことを目的としています。

短期金利は日銀の金融政策の影響を直接受ける

　日銀は「物価の安定」を目的として金融政策を行っています。金融政策は、将来の景気や物価の見通しなどを念頭におきながら、政策金利を一定方向や一定水準に誘導することにより、預金金利や短期貸付金利をはじめ、長期金利にも一定の影響を及ぼします。

　インフレ時とデフレ時に分けて金融政策の骨子を見ていきましょう。

　インフレ（物価が継続的に上昇する状態）の時は、「金融引き締め」を行います。金融引き締めは、コール市場で市場金利を上昇させ、世の中の資金需要を減らすことをいいます。資金需要が減る、つまり企業や家計といった経済主体が資金を借りて事業（住宅ローンを組んで家を建てる行動も該当）を行う意欲を減退させることで通貨供給量（世の中に出回る資金の量）を減少させ、インフレを鎮静化させます。

　デフレ（物価が継続的に下落する状態）の時は、「金融緩和」を行い

ます。金融緩和は、コール市場で市場金利を低下させ、世の中の資金
需要を増やすことをいいます。資金需要が増える、つまり企業や家計
といった経済主体が資金を借りて積極的な経済活動を展開することで
通貨供給量（世の中に出回る資金の量）を増加させ、デフレからの脱
却を促します。

日銀の中心的な政策手段
「公開市場操作」

　日銀が市場金利を誘導するための中心的な手段を、公開市場操作（オ
ペレーション）といいます。公開市場操作により、市場への資金供給
を減らすことで市場金利を上げる、逆に市場への資金供給を増やすこ
とで市場金利を下げることで、時々刻々に取引されている無担保コー
ル翌日物の金利水準を日銀のターゲットとする水準にできるだけ近づ
けようとしています。

　公開市場操作には、大きく分けて、買いオペレーション（買いオペ、
供給オペとも呼ばれる）と売りオペレーション（売りオペ、吸収オペ
とも呼ばれる）があります。

　買いオペレーションは、日銀による資金の貸し付けや国債の買い入
れなどにより、金融市場に資金を供給します。日銀は、国債などの購
入代金を「日銀に開設した金融機関の当座預金口座」に入金します。
金融機関は、互いに資金を融通し合うコール市場で資金の過不足を調
整しているので、日銀から資金が入るとコール市場で資金を借りる必
要性が低くなくなります。そのためコール市場において、コールレー
トは下がりやすくなります。これにより日銀は、金利を低めに誘導す
ることができます（**図４−２**）。

　売りオペレーションは、日銀の保有している国債の売却（実際には買
戻条件付売却）や、日銀が振り出す手形（将来の特定期日に特定金額
を支払う約束をした証券）の売り出しなどにより、金融市場から資金

を吸収します。金融機関は、日銀から国債などを購入した代金を「日銀に開設した金融機関の当座預金口座」の残高から出金して日銀に振り込みます。金融機関では、当座預金口座の残高減少により、コール市場からの資金調達ニーズが相対的に高まります。そのためコール市場において、コールレートは上がりやすくなります。これにより日銀は、金利を高めに誘導することができます（**図4-2**）。

図4-2　公開市場操作の仕組み

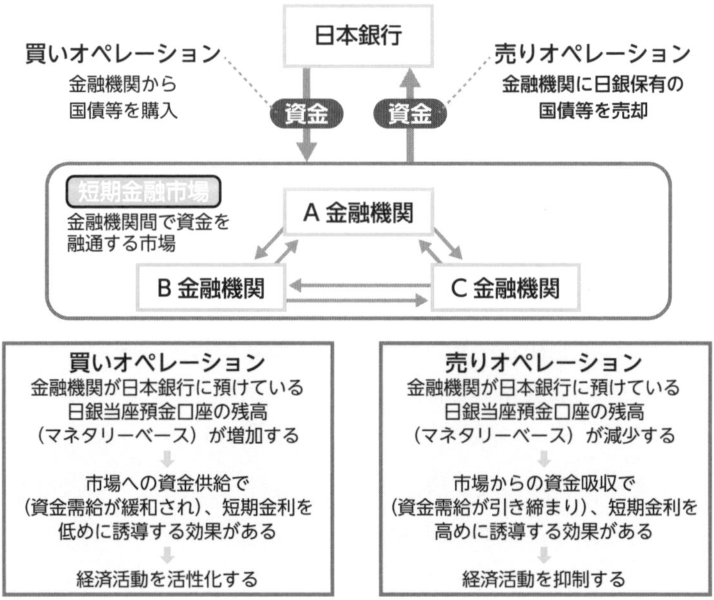

買いオペレーション
金融機関から
国債等を購入

日本銀行

売りオペレーション
金融機関に日銀保有の
国債等を売却

資金　資金

短期金融市場
金融機関間で資金を
融通する市場

A 金融機関

B 金融機関　　　C 金融機関

買いオペレーション
金融機関が日本銀行に預けている
日銀当座預金口座の残高
（マネタリーベース）が増加する
↓
市場への資金供給で
（資金需給が緩和され）、短期金利を
低めに誘導する効果がある
↓
経済活動を活性化する

売りオペレーション
金融機関が日本銀行に預けている
日銀当座預金口座の残高
（マネタリーベース）が減少する
↓
市場からの資金吸収で
（資金需給が引き締まり）、短期金利を
高めに誘導する効果がある
↓
経済活動を抑制する

2 長期金融市場の仕組みを知ろう

―― 長期金利と密接に関わる債券市場では、主に証券会社が発行体と投資家の間に入って、売買の仲介役や売買における一方の当事者となる。

債券市場において
発行市場と流通市場は車の両輪

　長期金融市場では、債券や株式の発行による資金調達や有価証券（債券や株式）の売買が行われていますが、ここから長期金利と密接に関わる債券市場に焦点を当てて見ていきましょう。

　債券（利子を払って投資家から資金を借りる手段）を取引する債券市場は、主に証券会社が発行体（債券の発行者）と投資家の間に入って、売買の仲介役や売買における一方の当事者となっています。発行市場と流通市場から成り立ち、前者の発行市場は、国や地方自治体、企業などの発行体が、新しく債券（発行される債券を「新発債」と呼ぶ）を発行して資金を調達する市場です。後者の流通市場は、すでに発行されている債券（「既発債」と呼ぶ）の保有者とその債券の購入希望者が、売り買いをする市場です。

　発行市場と流通市場は密接不可分な関係にあり、車の両輪のような関係といえるでしょう。仮に活発な流通市場がなく、所有する債券を容易に換金できなければ、安心して債券を購入できないため、新発債の購入が円滑に進まなくなります。流通市場では、既発債に対す

る需給を反映して「債券価格」と「利回り」が決まります。

　債券は株式とは異なり、証券取引所では取引されていません。個人投資家が購入しやすいのは新発債で、銀行などでも取り扱われますが、既発債は流通市場の仲介役となる証券会社で購入します。債券は、投資家と債券を取り扱う証券会社などの間で「店頭取引」として直接取引が行われています。株式は1つの発行体で原則1種類しかありませんが、債券は「○○回国債」「△△回社債」というように、同じ発行体が多数の銘柄を発行します。銘柄ごとに発行金額、利回り、市場での債券価格が異なります。同じ発行体の債券でも、銘柄ごとに需給状況がさまざまですので個別交渉で取引条件が決まります（**図4-3**）。

　10年物国債は、発行ボリュームが最大で債券市場の中心的存在です。日本では「新発10年物国債の流通利回り」を長期金利の代表的な指標としています。「新発10年物国債の流通利回り」の水準は、社債などの発行条件（表面利率、発行価格等）や住宅ローン金利など、さまざまな金利に影響を与えます。「新発」と付くのは、10年物国債と一口にいっても毎月発行されており、発行条件もそれぞれ異なりますので、直近の「新発10年物国債の流通利回り」としています。

図4-3　債券と株式の取引環境

	債券（既発債）	株式
相場情報	証券会社への個別の問い合せ	新聞、インターネットなどで入手可
取引単位	100万円〜	数百円、数千円〜
投資期間	償還期限あり、途中の時価で売買可	いつでも売買可
価格・銘柄	証券会社により購入できる債券やその価格が異なる	どの証券会社でも同じ銘柄を同じ価格で買える（手数料は別）

固定と変動で異なる
住宅ローン金利の決まり方

　長期と短期の金融市場の仕組みを見てきましたが、ここで住宅ロー
ン金利の仕組みを説明します。固定金利型と変動金利型ではまったく
別の指標を基準とするため、金利の決まり方が異なります。

＜変動金利型住宅ローンの金利の決まり方＞

　変動金利型の金利は、短期プライムレート（短プラ）と呼ばれる金
利を基準としています。短プラは、金融機関が優良企業向けに短期
（1年以内の期間）で貸し出す時に適用する最優遇貸出金利（プライム
レート）をいいます。それぞれの金融機関は、日銀の政策金利をもと
に独自に短プラを決めます。実際の短プラは大手銀行のレートが1つ
の基準となり、長年ほぼ横並びとなっています。

＜固定金利型住宅ローンの金利の決まり方＞

　固定金利型の金利は、長期金利の指標である「新発10年物国債の流
通利回り」を基準としています。全期間固定金利型だけではなく、固
定期間が10年以上の固定金利期間選択型も長期金利の影響を受けま
す。

　固定金利型と変動金利型の選択においては、金利局面の判断が大事
です。金利上昇局面（インフレ率の上昇などが要因）では、長期金利
の方が政策金利に先行して上昇します（詳細は後述）。変動金利型の金
利よりも、固定金利型の金利の方が、早く上昇する可能性が高いので
す。変動金利型の金利が上がる頃には、固定金利型の金利は高い水準
となっているものと思われます。

3

大規模緩和を続ける
日銀の金融政策

—— 大規模金融緩和は長期化し、2016 年 9 月から「長短金利操作付き量的・質的金融緩和」を続けている。

金融政策を決める
日銀の金融政策決定会合

ここで実際の日銀の金融政策を説明しましょう。

まずは日本銀行の最高意思決定機関である政策委員会の構成から見ていきます。政策委員会のメンバーは、総裁、副総裁（2 人）および審議委員（6 人）の計 9 人、いずれも国会の衆議院および参議院の同意を得て、内閣が任命します。任期は 5 年で、再任されることもあります。9 人が 1 票ずつ議決権をもち、多数決で金融政策の運営方針などを決定して、日本の金融政策の舵取りをします。

政策委員会の金融政策決定会合は、2016 年から 1、3、4、6、7、9、10、12 月の年 8 回開催され、次回会合までの金融政策の方針（金融市場調節方針）を決めます。政府の行う経済政策とも関係してくるため、内閣府と財務省の代表が政府からオブザーバーとして出席します。政府代表には投票権はなく、議決の延長を要請できる議決延長請求権だけが与えられています。

＜米国と欧州（ユーロ圏）の金融政策＞

ここで米国と欧州（ユーロ圏）の金融政策にも触れておきます。

米国の金融政策は、連邦準備制度理事会（FRB：Federal Reserve Board)、連邦公開市場委員会(FOMC: Federal Open Market Committee)、12地区の連邦準備銀行（地区連銀）によって運営されており、この制度を連邦準備制度といいます。

FRBは、最高意思決定機関であり、7名（議長、副議長を含む）の理事で構成されています。特にFRB議長の発言は世界経済に強い影響力を持ち、FRBは、金融政策基本方針の決定や12の地区連銀（基本方針に従って実質的な中央銀行業務を執行）の指揮・監督などを行っています。

FOMCは、金融調節方針を決定する委員会で年8回開催されます。FOMCは、米国の政策金利であるフェデラル・ファンド金利（FF金利：Federal Funds Rate）の誘導目標などの金融政策を決定します。注目度は極めて高く、利上げ、利下げの方向性やその幅（利上げ幅、利下げ幅）などに世界中の注目が集まります。委員会は、FRBの理事全員とニューヨーク連銀総裁およびその他の地区連銀総裁のなかから交代制で選出される4名の合計12名で構成されます。

ユーロ圏の金融政策は、中央銀行の役割を担う欧州中央銀行（ECB: European Central Bank）が、ユーロ圏の物価の安定（インフレ率が2％）を目標として実施しています。最高意思決定機関である政策理事会は年8回開催されます。政策理事会は、ECB総裁、副総裁および4名の理事とユーロ圏の中央銀行総裁で構成されます。

世界的に異例な
日銀の「イールドカーブ・コントロール」

日銀の金融政策は2013年に大きな転機を迎えました。それ以降の金融政策の要点を振り返ります。

日銀は2013年1月、デフレからの脱却を目指して、物価安定目標を2％とするインフレターゲットを導入しました。さらに同年4月に大

規模な金融緩和政策「量的・質的金融緩和」を導入しました。内容は、金融政策の操作対象をそれまでの金利（無担保コール翌日物金利）から資金供給量（マネタリーベース）の「量」に変更してこの供給量を増加、さらに「質」にも配慮して長期国債を買い入れることや、上場投資信託（ETF）などのリスク性資産の買い入れ額を拡大するというものです。

　その後日銀は、2016年1月の金融政策決定会合において「マイナス金利付き量的・質的金融緩和」を導入しました（**図4−4**）。日銀のマイナス金利政策は、「日銀に開設した金融機関の当座預金口座」の一部にマイナス0.1％を適用し、短期金利を抑えるものです。金融機関が日銀に資金を預けたままにしておくと、逆に金利を支払わなければならなくします（口座管理料のイメージ）。そうなれば金融機関は、企業や個人に積極的に融資をしようとするだろう、資金が市場に回り出し経済が活性化するだろう、これが日銀のマイナス金利導入の意図でした。しかし金融機関に対する企業や個人の借入れ需要は高まりません。逆に弊害として、金融機関の収益環境を著しく悪化させ、金融機関の金融仲介機能を低下させました。

図4-4　近年に導入された日本銀行の金融政策

金融政策	導入当時の政策内容（概要）
2016年1月〜 マイナス金利付き 量的・質的金融緩和	金融機関が預け入れた日銀当座預金のうち、基礎残高部分について0.1％、マクロ加算残高部分について0％、政策金利残高部分について▲0.1％の金利を適用するとともに、マネタリーベースを年間約80兆円規模で増加させることを目標に金融市場調節を行う政策を導入。
2016年9月〜 長短金利操作付き 量的・質的金融緩和	金融市場調節によって長短金利の操作を行う「イールドカーブ・コントロール」と、消費者物価上昇率の実績値が安定的に2％の物価目標を超えるまで通貨供給量の拡大方針を継続するオーバーシュート型コミットメントの2つの枠組みを導入。

　さらに日銀は、2016年９月の金融政策決定会合において、「長短金利操作付き量的・質的金融緩和」を導入しました（**図４－４**）。「長短金利操作（イールドカーブ・コントロール＜ Yield Curve Control ＞以下、頭文字を取って YCC とする）」は、短期金利のマイナス金利政策に加え、10年物国債の金利がおおむね０％程度（上下に許容幅は0.1％程度）で推移するように目標値を設定し、短期から長期までの金利全体の動きをコントロールする政策です。YCC における10年物国債の変動許容幅は、その後漸次拡大させています。2018年７月から上下0.2％程度、2021年３月から上下0.25％程度、さらに2022年12月に上下0.5％へと幅を広げています。長期金利まで強くコントロールする政策は、世界的にも極めて異例です。

【イールドカーブとは】
　イールドカーブ（利回り曲線）は、残存期間（債券の償還までの残り期間）の長短による債券の利回り格差を確認するために作られるグラフ。グラフは横軸に残存期間を、縦軸に債券の利回りをとる。

大規模金融緩和の長期化で懸念される市場機能

　こうした大規模金融緩和の長期化に対して副作用も指摘されています。

　まず、上場投資信託（ETF）などのリスク性資産の購入を長期間続けることは、株式市場の機能を損ねないか、といった懸念です。株式市場は、個別株の価格発見機能（投資による個別株の価値評価）を有しますが、この機能が正しく働かず、企業の新陳代謝が滞っていると考えられています。

　また、日銀の大量国債保有の長期化は、財政規律の緩みにとどまらず、国債市場の機能不全が問題となります。国債市場における民間同

士の取引量の減少により、市場を動かす出来事が起こると、債券価格（つまり金利）が変動し混乱が生じやすくなります。利回りに政策的（つまり人為的）な操作を続け、「ゆがみ」が顕著となれば、当然ながら投機の対象になりやすくなります。

【10 年物国債に生じる「ゆがみ」の背景】

　米国などの海外の長期金利が上昇すると、日本の長期金利にも上昇圧力（＝国債の売り圧力＜債券価格の低下圧力＞）が生じる。YCC における 10 年物国債の上限（たとえば 0.5%）において、10 年物国債の売り圧力が強まると、日銀は 0.5% を超過する金利にならないよう（＝0.5% に対応する債券価格を維持するよう）、10 年物国債を無制限に買い入れる（買入れ金額が無制限）。長期金利上昇を抑制するため、日銀が特定の利回りで国債を無制限に買い入れる操作を「指し値オペ」という。

　これにより 10 年物国債における 0.5% を維持しても、周辺の金利（8 年物、9 年物、11 年物など）水準は 0.5% を上回ることがある。イールドカーブには、10 年物国債だけがくぼむ、いびつな形状（凹）の「ゆがみ」ができる。

　国債の利回りは本来、市場で自律的に決まるべきものです。日銀が長期にわたって関与することは、好ましいことではありません。

4
ローン金利などに影響を与える
長期金利の変動要因

―― 長期金利は、長期資金の需給関係により自律的に決まる。取り分け、期待インフレ率、期待潜在成長率、リスクプレミアムから影響を受ける。

期待インフレ率の高まりは
長期金利を上昇させる

　長期金利の決まり方を説明します。長期金利は、基本的に長期資金の需給関係により「マーケット・メカニズム」が働き自律的に決まります（日銀のYCCは例外的存在）。金利形成に影響を与える要因としては、①期待インフレ率、②期待潜在成長率、③リスクプレミアムが挙げられます（**図4－5**）。

　まず、期待インフレ率を説明します。期待インフレ率は、消費者、企業、市場参加者などが「予想」する将来の物価上昇率をいいます。将来の物価が上昇や低下といった一定方向に向かうことが予想されると、現在の長期金利は、「直ちに」一定方向（上昇や低下）に動きます。

　たとえば先行き高インフレになるとの予想が広く共有化されるとします。債券市場の参加者は、高インフレを抑え込むため、日銀は近いうちに政策金利（無担保コール翌日物金利）を引き上げるのではないかと考え始め、その考えは広がります。このことは、債券市場の参加者の心理として「目減りする可能性の高い長期債などの購入を手控え

たほうがいいな」あるいは「（すでに保有している人は）早いうちに
売っておこう」と思う人や行動する人が増えることを意味します。長
期債を中心に債券価格を低下（長期金利は上昇）させます。つまり長
期金利は、期待インフレ率が高まっただけで「直ちに」上昇してしま
うのです。

図4-5　長期金利に影響を与える3つの要因

【期待インフレ率】

将来の物価変動（インフレ、デフレ）はこの程度だろうという「予想」。
たとえば高インフレになるだろうとの「予想」が強まれば、長期金利は
直ちに上昇する

【期待潜在成長率】

経済が成長していく地力が強いと予想されれば、投資を行うメリットが
高まるので、長期の資金需要も増え、長期金利は上昇する

【リスクプレミアム】

将来の不確実性に対して投資家が要求する上乗せ金利（リスクプレミアム）。
拡大すれば、長期金利は上昇する

一般に期待潜在成長率が高いほど 長期金利は高い

　期待（予想）される潜在成長率が高いほど長期資金への需要が強く、
長期金利は高くなりやすく、反対に潜在成長率が低いほど、長期金利
は低くなりやすい関係にあります。

　潜在成長率は「経済の実力」であり、資本・労働・生産性（技術）

という生産活動に必要とされる３要素を最大限に活用した時の成長率の推計値です。政府や日銀は、日本の潜在成長率を推計し、経済・物価情勢の判断に活用ながら政策を組み立てています。過去に遡ると、日本の潜在成長率は、1980年代後半の４％成長経路から90年代前半に急激に下方シフトしました。その後は１％台前半で推移し、さらに2007年頃から再び下方にシフト、その後、おおむね０％から１％の範囲にあります。

　政府は一人ひとりの人材の質を高める「人づくり革命」や、成長戦略の核となる「生産性革命」などの政策により、潜在成長率を引き上げていくことが重要としています。

発行体の財務内容の悪化で
リスクプレミアムが上乗せされる

　最後はリスクプレミアムです。第３章でも説明しましたが、リスクプレミアムは将来の不確実性（リスク）に対し投資家が要求する「上乗せ金利」です。発行体の財務内容が悪化して将来の支払能力に不確実性が高まると、リスクプレミアムが割増しされ、長期金利は上昇します。欧州の先進国でも、財政が健全とは言えないイタリアやギリシャの長期金利（10年国債利回り）は、ドイツ、オランダなどの長期金利から大きく上方に乖離していくことがあります。

　こうしたなか日本では、10年物国債の金利がおおむねゼロ％程度で推移するようYCCを続けています。潜在成長率が低いまま、財政健全化への道筋が描けない日本の財政にとって、日本国債のリスクプレミアムが見えにくいことは好ましいとはいえません。

5

イールドカーブの形状変化は
景気や金融政策の予想に役立つ

—— 一般にイールドカーブのスティープ化は、景気加熱などでインフレ率が上昇し、この先、金利全般が上昇していく可能性が高いことを示唆する。

市場参加者の金利観を反映する
イールドカーブ

図4−6のようにイールドカーブは、残存期間の長短による債券の利回り格差を確認するために作られるグラフです。

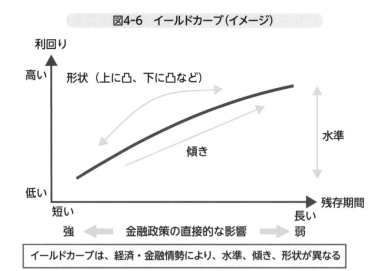

図4-6 イールドカーブ（イメージ）

イールドカーブは、経済・金融情勢により、水準、傾き、形状が異なる

　債券は残存期間が長くなるほど不確実性が高まり、その分利回りが
高くなるのが一般的です。イールドカーブは、通常、右上がりの曲線
となり「順イールドカーブ（順イールド）」といいます（**図４－７**）。こ
の現象を説明する仮説（学説）を紹介します。「流動性プレミアム仮
説」は、「長期金利は短期金利に比べて変動性が大きく、運用中の不確
実性も高いうえ流動性も低いので、短期金利にリスク部分として流動
性プレミアムが上乗せされている」と説明しています。同仮説は、長
期金利は短期金利よりも変動性が大きいため、変動性といったリスク
に見合うプレミアムが付くといった面から「ターム・プレミアム仮説」
とも呼ばれます。

図4-7　イールドカーブの形状

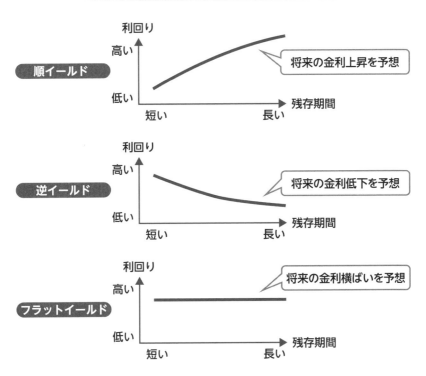

反対に残存期間が長くなるほど利回りが低くなる右下がりの曲線を「逆イールドカーブ（逆イールド）」といいます（**図4－7**）。逆イールドは、市場参加者が将来、金利が下がると予想する時に起こる現象であり、景気が悪化する前兆として捉えられています。

　短期と長期の債券利回りの差がなくなる時、この曲線（状態）を「フラットイールドカーブ（フラットイールド）」といいます（**図4－7**）。

インフレ率が上昇すると
イールドカーブはスティープ化する

　イールドカーブの形状変化により、将来の景気動向や金融政策をある程度見通すことができます。イールドカーブの形状変化を表す用語として「スティープ化」や「フラット化」が使われます（**図4－8**）。スティープ化は、短期金利が低下または長期金利が上昇することで曲線の傾きが大きくなることです。逆にフラット化は、短期金利が上昇または長期金利が低下して曲線の傾きが小さくなることです。

　一般にイールドカーブのスティープ化は、景気加熱などでインフレ率が上昇し、この先、金利全般が上昇していく可能性が高いと考える市場参加者の増加を示唆します（**図4－9**）。

　その後、インフレの沈静とともにイールドカーブはフラット化します。さらに逆イールドが現れると、この先景気が減速し、さらに後退局面入りも懸念されるシグナルです。それとともに長期金利は低下していく可能性が高まります。

　日銀のYCCは、債券市場において生じるスティープ化の動きを政策的に抑え込んでいます。市場参加者は、債券市場が発するシグナルを得ることができません。YCCを長く続けることは、債券市場の健全性を損ねる可能性があり危惧されます。

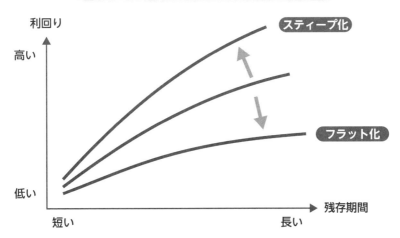

図4-8　イールドカーブのスティープ化とフラット化

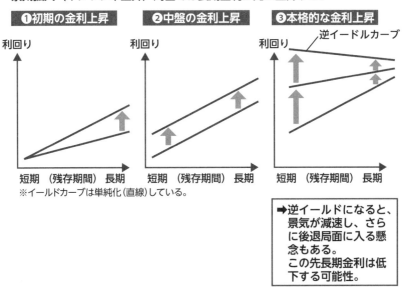

図4-9　一般的な金利上昇（イールドカーブの上方シフト）のパターン

景気拡大（インフレ率上昇）局面では長期金利が先に上昇する。

第5章

金利と経済ファクター
（景気・物価・株価・為替）の
相互作用

1 景気が金利に与える影響

── 景気が拡大すると、企業や個人の資金需要が高まり、金利は上昇する。

景気の循環と金利のサイクル

経済はいろいろなファクターがつながり、影響し合っています（図5-1）。時として複雑な因果関係もあり、セオリーどおりに動かない関係もあります。難しいなと感じることも少なくありません。ただ、複雑な因果関係も「基本的な因果関係」の理解が土台となり、考えるヒントを提供してくれます。第5章では、金利を軸として「基本的な因果関係」を説明します。

まず、主要な経済ファクターを起点として金利への影響を見ていきます。取り上げる主要ファクターとして「景気」「物価」「株価」の順に説明します。

はじめに景気が金利に与える影響です。金利を動かす最大の要因は国内の景気です。「そもそも金利はなぜ変動するのか」といった視点で、景気が金利に与える影響を見ていきます。

景気は「経済活動の勢い」といえますが「良い」あるいは「悪い」などと語られます。景気が良いとモノやサービスがよく売れ、企業の利益が増え、従業員の給料や仕事も増えます。経済活動が活発な状態を「好景気」といいます。ただ、ずっと続くわけではありません。や

図5-1　主要な経済ファクター間の相互連関

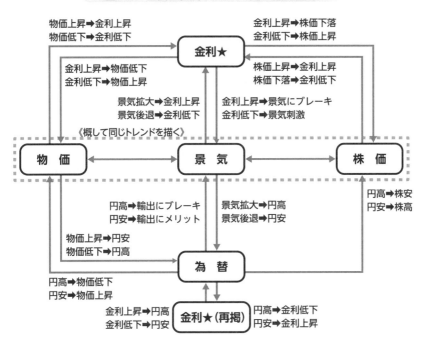

図5-2　景気循環と金利（一般的な傾向）

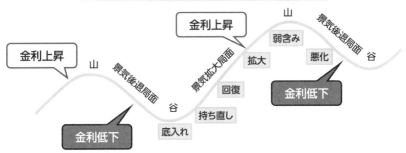

がて経済活動の勢いも弱まり「不景気」が到来します。過去に好景気・不景気が入れ替わりながら続いています。この好景気（好況）と不景気（不況）が山谷をつくるパターンを「景気の循環」といい、金利はこのサイクルに大きく左右されます（**図5－2**）。

＜景気拡大局面と金利＞

　好景気だと企業の生産・販売活動は活発となり、売れるモノやサービスの供給も増えます。企業経営者は設備投資に前向きになり、金融機関からも資金を借りるでしょう。個人の消費活動も、勤め先の利益が増え給料が上がることで活発になり、住宅や自動車など高額商品を買う人も増えることが期待されます。好景気だと経済全体が活発化することから、資金を借りたい人が増え「資金需給の逼迫」により金利は上昇していきます。

　また、企業は資金需要の高まりから、保有している債券を売って資金を調達することもあります。債券の売却が増えると債券価格は下がり、利回りは上昇します。このように、「景気が拡大（経済活動が活発化）→企業や個人が資金を必要とする→借り入れが増えるなど→金利上昇」となるのです。

　しかし、ある程度好景気が続いて金利が上昇すると、金利は景気を抑え、悪くする方向に働き始めます。企業経営者は、金利が高くなると設備投資は慎重になります。いつまでも好景気は続かないとの見方から資金需要は減っていきます。個人も、金利が高くなると住宅ローンを借りて住宅を取得することに慎重になります。このように資金需要が減ってくると金利の上昇は止まり、やがては低下していく可能性が高まります。

＜景気後退局面と金利＞

　一方、不景気だと、モノやサービスの需要が減ることから、企業の生産・販売活動は活気をなくします。企業経営者は設備投資に慎重となり、金融機関からも資金を借りなくなるでしょう。個人も給料が上がりにくくなり、住宅や自動車など高額商品の購入意欲は衰えることが予想されます。資金需要も減退しますので、金利は低下していきます。このように、「景気が後退→企業・個人が資金を必要としない→借り入れが減るなど→金利低下」となるのです。

```
┌─────────────────────────────────────────┐
│          【景気が金利に与える影響】          │
│  景気拡大 ➡ 企業・個人が資金を必要とする      │
│         ➡ 借り入れが増えるなど ➡ 金利上昇   │
│  景気後退 ➡ 企業・個人が資金を必要としない    │
│         ➡ 借り入れが減るなど ➡ 金利低下     │
└─────────────────────────────────────────┘
```

　景気悪化に対して政府は、景気対策として財政出動を進めるでしょう。中央銀行も金利を下げる金融緩和により、景気対策をサポートします。金融機関の貸出金利などが下がると、企業などの資金の借り手の負担は減り、設備投資などに向けやすくなります。金融緩和が企業業績の向上につながると賃金も増え、消費も活発となり、景気拡大が期待されます。再び景気拡大に向かえば、金融緩和も終え、資金需要の高まりから金利は上昇していくことが想定されます。

近年、低成長経済に入り金利は上がりにくい

　ここまで景気が金利に与える影響を「教科書的な整理」として説明してきました。しかしながら、近年はこの関係が変化しています。低成長経済に入り、好景気と不景気の山谷が見えにくくなっています。つれて金利も低いところから上がりにくい状態が続いています。

　1990年代に入り、それまで高騰していた株価や地価が一転して下落に転じるなか、日本経済の成長率は大きく落ち込みました。さらに1999年頃から継続的な物価下落の状態（緩やかなデフレ）となり、以来「デフレからの脱却」が急務とされてきました。このような状況ですので、日銀の大規模金融緩和が続き、金利は歴史的な低金利にあります。

　この間、日本企業の資金調達をめぐる行動も変化しました。日本企

業は、高度成長期に大幅な「資金不足主体」でした。設備投資資金は、金融機関からの借り入れに依存していたため、好景気となると資金需給が逼迫して金利が上がりやすい状態にありました。

　しかし1999年以降、日本企業はマクロの数字でみると「資金余剰主体」に転化し、それが続いています。好景気でも金融機関から資金を借りる必要性は乏しくなり、景気が多少良くなろうとも金利は上がりにくくなっています。

2 物価が金利に与える影響

—— 物価の上昇が続くと消費需要は高まり、企業活動も活発化することから、金利は上昇する。

物価は金利に波及し同じトレンドを描く

さまざまなモノやサービスの価格を、ある一定の方法で総合した平均値のことを「物価」といいますが、この物価の動きは先々の金利に影響を与えます。基本的に物価の上昇が続く（その気配がある）と金利は上昇し、反対に物価の低下が続く（その気配がある）と金利は低下します（**図5-3**）。物価が金利に与える影響を説明します。

図5-3 物価の動向と金利（一般的な傾向）

<物価上昇と金利>

　物価が上がる気配が広く共有化されているとします。消費者は、食料品など日常の買い物において、先々の値上がりが予想されると駆け込み的な購入行動をとることがあります。買い換え時期が到来した大型テレビ、エアコン、自動車などの耐久消費財も、価格が半年後にかなり上がると予想されれば、お財布事情を検討しながら、できるだけ早く購入しようと考えるでしょう。消費需要の高まりで、企業など供給側も増産・増販体制を整えるとともに、新たな設備投資を行う企業も出てきます。こうして企業活動が活発化すると、資金需要は増加し、金利も上昇します。高額な耐久消費財を購入したいものの、資金の余裕がない場合でも、資金を借りて（ローンを組んで）購入するといった意欲も高まり、資金需給バランスのタイト化により金利は上昇します。

<物価低下と金利>

　一方、物価がどんどん低下する局面（デフレ局面）では、消費者は、「もっと価格が下がるので、今は買い控えよう」と考えるでしょう。テレビや自動車の購入を考えている消費者は、とりあえず購入予定の資金を預金に置いて、価格が下がったら買おうとします。その結果、企業の売上げや利益は減り、生産・販売活動や設備投資もスローダウンします。これにより資金需要は減り、金利は低下します。

```
【物価が金利に与える影響】
物価上昇 ➡ 金利上昇
物価低下 ➡ 金利低下
```

近年、物価が上がりにくく、金利に波及しにくい

　ここまで物価が金利に与える影響を見てきましたが、長引くデフレ

と低インフレのなかで「金利の上昇」は目撃しにくくなっています。

　日本の消費者は、少しでも安く購入するために日常品の購入店舗を選択する傾向が強いとの指摘があります。複数のスーパーのチラシを見比べ、安い店舗に出かける人の割合が、米国や欧州の主要先進国と比較して際だって高いとのレポートも発表されています。「価格は上がらないもの」「賃金が上がらない」といったソーシャル・ノルムは、簡単には変えられるものではありません。

　ただ、第１章で触れたように、政府などの取り組みの蓄積が功を奏して、「物価が安定目標（インフレ２％）あるいはそれに近い程度で上昇し、賃金との好循環を繰り返す」新たなソーシャル・ノルムが形成されたとします。その際には消費行動も変化し、物価が金利に与える影響が再び現れだしていく、つまり「金利が動き出す」ものと思われます。

3

株価が金利に与える影響

―― 株価は先行きの企業業績の向上を予想して上昇する。実際に企業業績が上向くことで個人消費も活発化し、金利も上昇する。

株価は金利に波及し
同じトレンドを描く

　長期的な視点でみると、株価指標の TOPIX（東証株価指数）の動きは、長期金利の指標である 10 年物国債の利回りと同じようなトレンドを描いています。TOPIX は Tokyo Stock Price Index の略で、東京証券取引所に上場する銘柄を対象として算出・公表されている株価指数です。日経平均株価と並ぶ日本の代表的な株価指標です。基本的に、株価の上昇が続くと金利は上昇し、逆に株価の下落が続くと金利は低下します（**図5－4**）。株価が金利に与える影響を説明します。

＜株価上昇トレンドと金利＞

　株価が順調に上がり続けている状態は、将来の企業の売り上げや利益の増加を株式市場が先読みしているといえます。先行きの企業業績の向上により資金需要は増加し、金利も上昇するだろうとの見方も強まります。実際に企業業績が上向くと、従業員の給料やボーナスも増えますので個人消費も活発になります。個人消費の活発化は景気のプラス要因であり、金利上昇に働きます（**図5－5**）。

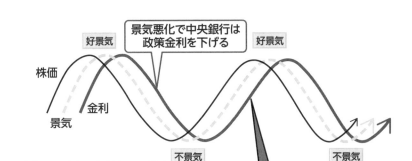

図5-4　株価・景気・金利の波

好景気　　景気悪化で中央銀行は
政策金利を下げる　　好景気

株価

金利

景気

不景気　　景気加熱・物価上昇で
中央銀行は政策金利を上げる　　不景気

● 株価は景気に先行して上がる
● 金利は景気のあとを追って上がる

図5-5　株価の動向と金利（一般的な傾向）

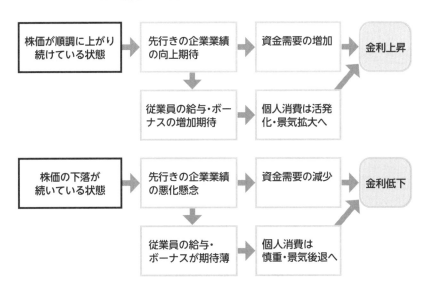

投資家の行動も金利に影響を与えます。株価がどんどん上がりそうな気配にあると、投資家は預金や債券を現金化して株式を購入します。国内債券は売られやすく、債券価格は低下、利回りは上昇します。

このように株価上昇は景気回復・拡大とともに進みますが、景気過熱でインフレに陥る可能性もあります。インフレが国民生活にはマイナスとの認識が広がると、金融市場では日銀が政策金利を引き上げるだろうとの見方が強まり、金利上昇を促すことになります。

＜株価下落トレンドと金利＞

　株価が下落基調にあり、この先も株価の下落が予想される状態は、将来の企業の売り上げや利益の減少を株式市場が警戒しているといえます。先行きの企業業績の悪化により資金需要も減少し、金利も低下するだろうとの見方も強まります。実際に企業業績が悪化すると、従業員の給料やボーナスは増えず、個人の消費行動も慎重になります。個人消費の抑制は景気のマイナス要因であり、金利低下に働きます。また、株価下落は、企業の保有株式の評価額を下げることから、企業の設備投資や研究開発への意欲も後退します。これにより資金需要は減り、金利は低下していきます（**図5－5**）。

　投資家の行動として、株価が下がりそうな気配がすると、保有している株式を売却して、その一部を債券に回そうとするでしょう。債券の購入が増えると債券価格は上がり、利回りは低下します。

　このように株価下落により景気後退の懸念が強まると、金融市場では日銀が政策金利を引き下げるだろうとの見方が強まります。これが金利低下を促すことになります。

【株価のトレンドが金利に与える影響】

株価上昇 ➡ 金利上昇

株価下落 ➡ 金利低下

4

金利が主要な経済ファクター（物価・為替・株価）に与える影響

—— 海外金利が上昇して、日本の金利との内外金利差が拡大すると、円安・外国通貨高に向かいやすい。反対に内外金利差が縮小すると、円高・外国通貨安に向かいやすい。

日銀の金利コントロールは物価に影響を与える

　ここまで金利に影響を与える主要な経済ファクターを見てきました。経済ファクターは互いに影響を与え合います。ここからは、金利を起点とした主要ファクターへの影響を「物価」「為替」「株価」の順に説明します。

　はじめに金利が物価に与える影響です。実はこの関係は金融政策の目的そのものです。日銀の金融政策の目的は、「物価の安定を図ること」にあります。物価の安定は、経済が安定的かつ持続的に成長を遂げていくうえで不可欠な基盤であり、日銀はこれを通じて国民経済の健全な発展に貢献するという役割を担っています。このことは日本銀行法（第1条）に示されています。「物価の安定を図ること」をかかげた日銀は、持続的な物価上昇（インフレ）や、反対に持続的な物価低下（デフレ）は好ましくない状態として金融政策を運営しています。

　2010年央以降の金融政策は、「デフレからの脱却」を至上命題として低金利政策を実施しています。日銀は、企業の成長と国民の暮らしの向上に必要な物価上昇率の目標を前年比「2％」と定めて、大規模

な金融緩和を続けています。

　金利を起点とした物価への影響は、金利を上昇させると、持続的な物価上昇（インフレ）を抑制する、反対に金利を低下させると、持続的な物価低下（デフレ）を抑制する、としてまとめられます。

【日銀の金利上昇・低下が物価に与える影響】
日銀が金利を低下させる ➡ 持続的な物価低下（デフレ）を抑制する
日銀が金利を上昇させる ➡ 持続的な物価上昇（インフレ）を抑制する

　金利上昇や金利低下といった金利コントロールの中身を、物価への働きかけといった視点でもう少し詳しく見ていきます。

＜日銀による金利低下が景気浮揚やデフレ抑制に至る経路＞

　日銀が金融機関同士で短期の資金を貸し借りしているコール市場の金利（コール金利）を引き下げたとします。金融機関は、低い金利で資金を調達できますので、企業や個人に対する貸出金利を引き下げることができます。金融市場は互いに影響し合うので、金融機関の貸出金利だけでなく、企業が社債発行により債券市場から直接資金調達をする際の金利も低下します。これにより企業は、運転資金（従業員への給料の支払いや仕入れなどに必要な資金）や設備資金（工場や店舗建設など設備投資に必要な資金）の調達が容易になります。個人も、たとえば住宅購入資金を借りやすくなります。このように経済活動が活発となり、景気を上向かせる方向に作用し、物価に押し上げ圧力が働きます。こうした金融政策は「金融緩和政策」と呼ばれます。

＜日銀による金利上昇が景気加熱やインフレを抑制する経路＞

　一方、日銀がコール金利を引き上げたとします。金利が上昇すると、金融機関は以前より高い金利で資金調達しなければならないので、企業や個人への貸出金利を引き上げます。そうなると企業や個人は、資

金を借りにくくなります。経済活動は抑制されて、景気の過熱が抑えられることになります。企業や個人が経済活動を抑えると、物価は全体的に下がることになるわけです。このように景気過熱やインフレを抑える金融政策は、「金融引き締め政策」と呼ばれます。

日米金利差の拡大は
円安ドル高につながる

　次に金利が為替に与える影響です。グローバルにマネーが駆け巡るなかで、金利の動向は外国為替相場に影響を与えます。基本的に金利が上昇するとその国の外国為替相場（当該国通貨の他の通貨に対する相対的価値、日本の場合は円相場）も上がり、反対に金利が低下するとその国の為替相場は下がります。馴染みのある円とドルの関係で説明を続けます。

　日本の金利水準が低いまま変わらず、米国の金利が上昇したとします。2国間で金利差が開くと、金利が低い日本から金利が高い米国へ資金が移動します。これは金利の高い国は期待収益率（期待リターン）が高いからです。金利の高い国に投資する行動は、多くの投資家も後を追うことから、金利の低い国の通貨円は売られて円安（通貨価値の低下）となります。一方、金利が高い米国の通貨ドルは買われてドル高（通貨価値の上昇）となります。

　個人の行動に着目して確認します。預金者は日本の低い預金金利にしびれを切らして、一段と高くなった米ドル建ての外貨預金にお金を移します。国債のケースでも同様です。日本国債で運用していた日本・米国の投資家は、日本国債を売却してより利回りが高くなった米国国債を購入します。これらの行動により円は売られ、ドルは買われるので、円安ドル高となります。

　まとめると、低金利の日本に対して海外金利が上昇して内外金利差が拡大する場合は、円安・外国通貨高に向かいやすく、反対に内外金

利差が縮小する場合は、円高・外国通貨安に向かいやすくなります。

```
【金利の変動が為替に与える影響】
海外金利の上昇（内外金利差の拡大）➡ 円安・外国通貨高
海外金利の低下（内外金利差の縮小）➡ 円高・外国通貨安
```

　なお、一般に金利差をみる時、「２年国債利回り」がよく用いられますが、「10年国債利回り」用いることもあります。ある時は２年の金利差が為替レートとの連動性が高く、別の時は10年の金利差のほうが連動性の高いことがあります。その時々で外国為替相場との連動性が高い指標や注目される指標が変化しています。

一般に金利上昇は
株価低下につながりやすい

　最後に金利が株価に与える影響です。一般に金利が低下した場合、投資家は預金や債券投資よりも、株式投資で利益を上げたいとして、株式の保有割合を増やします。株式の買い要因となり、株価が上がることになります。

　一方、金利が上昇した場合、投資家はリスクの高い株式よりも、金利の上がった債券や預金などの保有割合を増やします。株式の売り要因となり、株価が下がることになります（図５－６）。

```
【金利の変動が株価に与える一般的な傾向】
金利低下 ➡ 株価上昇
金利上昇 ➡ 株価下落
```

　ここまで株式市場を１つに（一体的に）とらえてきましたが、個別銘柄に着目すると反する動きも見られます。金利上昇のケースで説明

図5-6 金利の動向が株価に与える一般的な傾向

	投資家行動	企業活動	株価
金利の低下	預貯金や債券よりも株式投資が有利と考え株式投資が活発になる	企業の資金調達コストの低下 ➡企業業績の改善期待	上昇傾向
金利の上昇	預貯金や債券の運用でも一定の利益が取れると考え株式投資は慎重になる	企業の資金調達コストの上昇 ➡企業業績の悪化懸念	下落傾向

します。

　一般に金利上昇は株式市場にマイナスの影響を与えます。企業にとって金利が上昇すると、金融機関からの借入コストが上昇し、金融収支の悪化から企業利益を引き下げます。特に金融機関からの借入れ依存の高い企業にとって、金利上昇は業績に悪影響を与えやすく、該当する銘柄を「金利敏感株」といいます。電力やガスなどの公益関連、多くの固定資産を持つ不動産や鉄道などの銘柄が代表的な金利敏感株として挙げられます。

　ただ、金利上昇でも株価が上がりやすい業種もあります。金利上昇局面は、景気が良好な状況が少なくなく、「景気敏感株」の業績向上が期待できます。具体的には、景気の変動によって業績が大きく変動する鉄鋼、機械、化学などが挙げられます。また、長期金利が上昇すれば利ザヤ改善の恩恵を受けるとの思惑から金融機関の株が上昇する可能性も高まります。

　「金利が上がると一般に株価は下落」が教科書的なセオリーですが、指摘したようにセオリーに反する銘柄もあります。保有している銘柄が、金利の局面でどのように動くかは個別に把握しておくことが大事です。

第6章

為替が経済や
金融資産を動かす
仕組みを理解しよう

1

身の回りにある
円高や円安の影響！　その損得

―― 輸入品の購入や海外旅行での食事や買い物は、
円安に向かうと家計負担は増す。反対に円高に向かう
と家計負担は減る。

国境を超えた経済活動に
不可欠な外国為替

　第6章から第9章まで、「外国為替」に関する基本原理、外国為替市
場に関する知識、為替レートを動かすメカニズム、経済・通貨危機の
メカニズムなどを解説します。

　まず第6章は「外国為替」って何？といった基本からスタートです。
円は、日本中で通用しますが、ニューヨーク、パリといった先進国の
都市でも通常は買い物に用いることができません。海外からの旅行者
がドルやユーロを日本に持ち込んでも、通常は買い物に使えません。
通貨は、日本は円、米国はドル、欧州の多くの国はユーロといったよ
うに、各国・地域でそれぞれ使える通貨が決まっています。そのため、
図6−1のように外国とモノを取引する貿易の決済では、自国通貨を
外貨に、外貨を自国通貨に換える必要があります。このように通貨を
換えるシステム、それが「外国為替」です。そして通貨の交換比率が
「外国為替相場（為替レート）」となります。最も身近な通貨である円
とドルの関係は、「1ドル何円」として日常的に耳に入ってきます。

　外国為替取引が展開される「外国為替市場」のことは後の章で詳しく

解説するとして、まず身近な存在である円高や円安の意味や、メリット・デメリットを説明します。

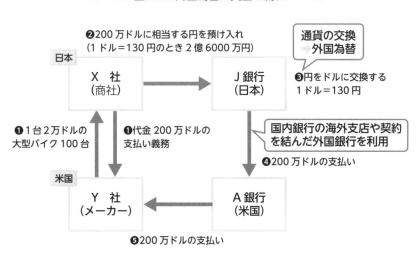

図6-1 外国為替の資金の流れ

❷200万ドルに相当する円を預け入れ
（1ドル＝130円のとき2億6000万円）

通貨の交換
＝外国為替

日本

X 社
（商社）

J 銀行
（日本）

❸円をドルに交換する
1ドル＝130円

❶1台2万ドルの
大型バイク100台

❶代金200万ドルの
支払い義務

国内銀行の海外支店や契約
を結んだ外国銀行を利用

❹200万ドルの支払い

米国

Y 社
（メーカー）

A 銀行
（米国）

❺200万ドルの支払い

海外旅行における食事の負担感は
円高と円安で真逆

　個人が円高や円安をもっとも意識できるのは、海外旅行での食事や買い物です。日本人が外国に出かけて、食事や買い物で財布からお金が出ていく（ドルなど外貨で支払う）際、「円高の時」と「円安の時」で負担感が違ってきます。

　円高と円安による負担の違いを解きほぐしましょう。海外旅行の出発直前に「円高の時」、外国為替を取り扱っている金融機関から外国の現金を安く購入できますので（1ドル当たり少ない円を支払う）、海外旅行がお得になります。たとえば2年前のハワイ旅行の時に1ドル＝130円だった為替レートが、仮に今は1ドル＝120円の円高（ドル安）だとします。2年前に比べて1ドル当たり10円安く買うことができま

す（図6−2）。

　一方、「円安の時、外貨の購入時に1ドル当たり多くの円を支払い、損な海外旅行になります。たとえば2年前に1ドル＝130円だったのに、これから出かける時に1ドル＝140円の円安（ドル高）だとします。1ドル紙幣を2年前に比べて10円高く買うことになります。海外旅行での食事や買い物は、2年前に比べて、数字にすると約7.7％（＝10円÷130円×100）負担感が増すことになります（図6−2）。

図6-2　海外旅行における円高や円安の有利・不利

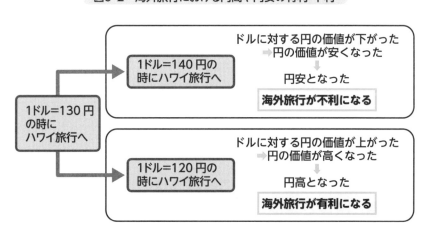

　また、海外旅行から帰国する時、多くの外貨を持ち帰ることもあります。当面は海外旅行に行くことがなく、金融機関で円に両替するとします。その際、外貨の持ち帰りが500ドルだとして、帰国後の為替レートが出国時（外貨購入時）よりも5円の円安だと2,500円の利益（為替両替手数料は考慮せず）が得られます。一方、5円の円高だと2,500円の損失となります。ここで発生した利益を「為替差益」、損失を「為替差損」といいます（図6−3）。

図6-3 旅行から持ち帰った500ドルを円に換えた時の損得

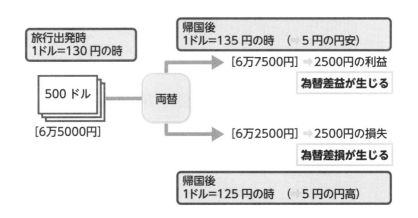

海外製品の価格は
円高と円安で真逆

　身の回りにも海外で作られたモノが少なくありません。海外で作られたモノの価格も「外国為替」が絡むため、円高や円安の影響を受けます。たとえば1ユーロ＝140円の時、3,000ユーロのイタリア製ダイニングテーブルは42万円ですが、1ユーロ＝150円の円安になると45万円となります。反対に1ユーロ＝130円の円高になると39万円で買えます（**図6－4**）。このように円安に向かうと輸入品は値上がりして高く買うことになりますが、円高に向かうと値下がりして安く買えるようになります。

　海外製品の「外国為替」による価格の変化は、国産品の価格にも波及します。円安による輸入品の値上がりは、日本の物価全体を押し上げる方向に働きます。消費者は、値上がりした輸入品の購入を控え、国産品の購入を増やすものと思われます。たとえば円安によって輸入小麦が値上がりし、パンの価格が上昇すると、代替品として国内米の需要が高まるといった具合です。これにより国産品も値上がりする可

能性があります。一方、円高による輸入品の値下がりは、日本の物価全体を押し下げる方向に働きます。値下がりで輸入品の人気が高まることで、競合している国産品は売り上げ数量が減ることから、シェア維持のために値下げに踏み切らざるを得なくなるからです。

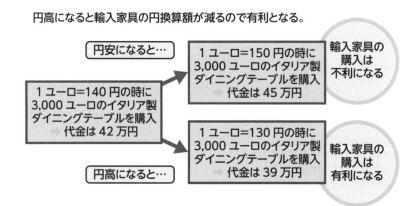

図6-4　輸入家具における円高や円安の有利・不利

円高になると輸入家具の円換算額が減るので有利となる。

円安になると…

1 ユーロ=140 円の時に
3,000 ユーロのイタリア製
ダイニングテーブルを購入
➡ 代金は 42 万円

1 ユーロ=150 円の時に
3,000 ユーロのイタリア製
ダイニングテーブルを購入
➡ 代金は 45 万円

輸入家具の購入は不利になる

1 ユーロ=130 円の時に
3,000 ユーロのイタリア製
ダイニングテーブルを購入
➡ 代金は 39 万円

輸入家具の購入は有利になる

円高になると…

2

貿易取引における為替レートの ゆくえは企業業績を左右する

—— 輸出型企業は円安に強い、一方、輸入型企業は 円高に強い。

輸出型企業は円安により 円の受取り額が増えて業績アップ

　ここから円高や円安が、企業業績に与える影響を見ていきます。説明 の前に「円建て」や「ドル建て」といった言葉使いを押さえます。外 国企業に対して、円で決済を行うことを「円建て」、ドルで決済を行う ことを「ドル建て」といいます。「△△建て」とは、「この通貨で払う」 「この通貨で受取る」という取り決めを意味します。「円建て」ならど の時点で決済しても為替レートの変動による影響はありません（為替 リスクなし）。一方、「ドル建て」の場合、売買を決めた時点でドルで の決済額を約束するので、その後決済時点までに為替レートが動くと 為替差益や為替差損が生じる可能性があります（為替リスクあり）。

　日本が輸出代金を「外貨建て」で受け取る割合は約66％、うち「ドル 建て」は約52％（財務省「貿易取引通貨別比率」＜2022年下半期＞）、 輸入代金を「外貨建て」で支払う割合は約79％、うち「ドル建て」は 約73％（同）となります。

　それでは円高と円安がどのように企業業績に影響を与えるかを詳し く説明します。結論を先取りすると、輸出型企業は円安に強い、一方、 輸入型企業は円高に強いことが特徴となります。

まず輸出型企業から説明します。一般に、輸出型企業（製品・商品の販売先を海外中心とする企業）は、円高になると輸出品の販売に伴う円での受取り代金が減り、業績がダウンします。一方、円安となると、円での受取り代金が増えて、業績はアップします。

　貿易相手国にはさまざまな国がありますが、なじみのある日米貿易を舞台に説明します。日本企業が米国企業へ製品を輸出して、米国企業からドルで代金を受け取った（つまり「ドル建て」）とします。日本企業が受け取ったドルは、金融機関でドルから円に交換することにより、国内で使えるようになります。

　簡単な想定により説明を続けます。日本の自動車メーカーＯ社が米国のＰ社へ１台２万ドルの自動車を 300 台輸出し、その代金 600 万ドルを受け取ったとします（図 6 − 5）。Ｏ社は自社のメインバンクであるＪ銀行に、受取った 600 万ドルの円への交換を依頼します。この時、円とドルの交換比率を１ドル＝ 130 円とすると、Ｏ社の口座に入金される金額、つまり受け取り額は７億 8,000 万円となります。

　その交換比率が１ドル＝ 140 円と円安・ドル高になったとします。受け取った 600 万ドルを円に交換すると８億 4,000 万円となり、Ｏ社は 6,000 万円多く受け取ることができます。円安により、日本の輸出型企業は収入が増えます（業績アップ）。

　逆に１ドル＝ 120 円と円高・ドル安になると、受け取った 600 万ドルの交換後の金額は７億 2,000 万円となり、Ｏ社は 6,000 万円少なく受け取ることになります。円高により、日本の輸出型企業は収入が減ります（業績ダウン）。

【輸出型企業における外国為替と企業業績】
円安が進む ➡ 業績アップ
円高が進む ➡ 業績ダウン

図6-5 輸出型企業における円高や円安の有利・不利

円安になると輸出型企業（商品の販売先が海外中心の企業）は売上げの円換算額が
増えることから有利となる。

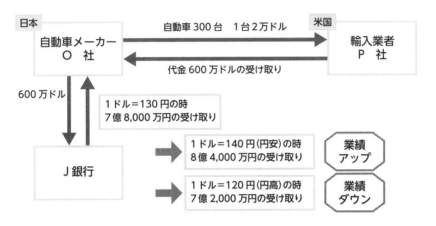

輸入型企業は円安により
仕入れコストが上昇し業績ダウン

　輸入型企業（商品や原材料の仕入れを輸入に依存している企業）は、
円高になると輸入品を安く仕入れることができます。仕入れ価格の低
減により価格競争力が向上し、売上拡大から業績アップとなります。
一方、円安となると、商品や原材料の仕入れ価格が上昇します。その
ため価格競争力は低下し、売上げ縮小から業績ダウンとなります。

　また日米貿易を舞台に説明します。日本企業が米国企業から製品を
輸入して、米国企業へドルで代金を支払った（つまり「ドル建て」）と
します。その際、日本企業は金融機関から、円からドルへの交換によ
りドル資金を調達し、米国企業へ送金します。

　簡単な想定により説明を続けます。日本のX社が米国のY社から1
台2万ドルのアメリカン大型バイクを100台仕入れ、その代金200万
ドルを支払うとします。X社は自社のメインバンクであるJ銀行に送

金を依頼します。この時、円とドルの交換比率は1ドル＝130円だとすると、200万ドルを支払うのに必要な金額は、2億6,000万円となります。依頼を受けたJ銀行は、預かった2億6,000万円を200万ドルに換えて米国のA銀行に送金します。そしてA銀行は、Y社の口座に200万ドルを支払います。

　その交換比率が1ドル＝140円と円安・ドル高になったとします。200万ドルを支払うのに必要な金額は、2億8,000万円となり、日本のX社は2,000万円多く支払う必要があります。円安により、日本の輸入型企業の支払いは増えます（業績ダウン）。逆に1ドル＝120円と円高・ドル安になると、200万ドルを支払うのに必要な金額は、2億4,000万円となり、日本のX社は2000万円少ない支払いとなります。円高により、日本の輸入型企業の支払いは減ります（業績アップ）。

　このように円をドルに、ドルを円に交換する際の為替レートは、貿易に関わる日本企業にとって企業業績を左右する重大な関心事となります。

【輸入型企業における外国為替と企業業績】
円安が進む ➡ 仕入れ価格上昇 ➡ 業績ダウン
円高が進む ➡ 仕入れ価格低下 ➡ 業績アップ

貿易における為替変動リスクを抑える　為替先物予約

　貿易取引では、一般に契約から代金の受払いまで数カ月かかります。そのため為替レートの変動によって収益が変わる「為替リスク」をかかえます。そこで輸出型企業や輸入型企業は「為替先物予約」を利用して、為替リスクを回避（ヘッジ）しています。為替先物予約は、「取引対象の外貨を将来の一定の時期に一定の価格で売買すること」を現時点において約定する取引です。輸出型企業や輸入型企業は、契約が決まってから出荷、船積み、着荷まで時間がかかりますので、その間に

為替レートが大きく変動してしまうリスクがあります。そのため、銀行などの金融機関との間で、1カ月後、3カ月後、6カ月後など一定期間後に、あらかじめ決められた為替レートで外貨の売買を行います。一度予約すると取消や変更はできないため、期日に売買を実行する義務が発生することになります。通常の為替レートを直物レート（Spot Rate＜スポット・レート＞）といい、為替先物予約のレートを先物レート（Forward Rate＜フォワード・レート＞）といいます。先物レートは、直物レートと取引される2通貨間の金利差により決まります（第7章で詳述）。

ドルを売買する為替先物予約として、輸出型企業の「ドル売り為替先物予約」や輸入型企業の「ドル買い為替先物予約」がよく利用されています（**図6-6**）。

図6-6　ドル買い為替先物予約とドル売り為替先物予約

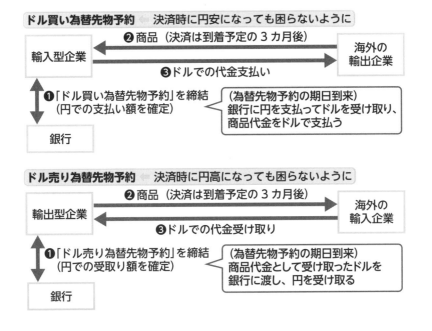

135

＜ドル売り（円買い）為替先物予約～輸出予約とも呼ばれる＞

　輸出型企業は、数カ月後に受け取るドルを円に換算する際に活用します。ドルの受取日に合わせて「ドル売り為替先物予約」を行い円の受取り額を確定させ、為替リスクを回避します。

＜ドル買い（円売り）為替先物予約～輸入予約とも呼ばれる＞

　輸入型企業は、数カ月後に支払うドルを円に換算する際に活用します。ドルの支払日に合わせて「ドル買い為替先物予約」を行い円の支払い額を確定させ、為替リスクを回避します。

　為替レートの動向によっては、為替先物予約をしなかったほうが有利だったケースもあり得ます。それでも為替先物予約により為替リスクを抑えるのは、事業計画が立てやすくなり、資金繰りを安定させるなど、企業経営にとってメリットが大きいと考えるからです。

3 高いリターンをねらう外貨建ての金融商品は為替差損に注意

—— 外貨建て外債は、為替レートが円安に向かうと為替差益が得られる。反対に円高に向かうと為替差損が生じる。

外貨預金の手数料は為替レートの値幅に含まれる

　日本では、とても長い低金利時代が続いています。そのため、金利の高い外貨で資産運用をするニーズは根強くあります。外貨での資産運用の手段にはさまざまな選択肢がありますが、外貨預金、外国債券、外国株式の順に見ていきましょう。

　まず、初心者が取り組みやすい外貨預金です。外貨預金は、預入時よりも満期時の方が円高になると「為替差損」が生じるため円での受取り額が減ります。反対に円安になると「為替差益」が生じるため円での受取り額が増えます。

　たとえば、ドル預金の1年定期預金の利率が3％、円預金の1年定期預金の利率が1％だとします。ドル預金の預入時と満期時で為替レートが1ドル＝130円のまま変わらないとします。ドル定期の預金者は3％の利息を得ることができ、円定期の預金者よりも2％高い利息を得られます（ここでは税金、手数料は考慮せず）。問題となるのは、為替レートの変動です。ドル預金の預入時の為替レートが1ドル＝130円、満期時が1ドル＝127円（2％超の円高）となると、2％高い利

息が消し飛んでしまいます。さらに1ドル＝120円に向かい円高が進んでいけば損失は膨らみます。

　反対に満期時に1ドル＝133円の円安・ドル高になれば、2％高い利息と為替差益3円（1ドル当たり）が得られます。このように外貨預金など外貨建て資産を保有すると、満期時に為替レートが円高に振れるか、円安に振れるかでリターン（利回り）が大きく違ってきます。

　ここまで外貨預金のリターンを「手数料を考慮せず」に説明しましたが、実は手数料は為替レートの「値幅」に含まれます。その値幅を理解するため、為替レートの仕組みを説明します。

　各金融機関は、外貨預金で用いる為替レートを決めるに当たり、仲値（TTM：Telegraphic Transfer Middle rate）を決めます。TTMは、外国為替市場における午前10時前（9時55分時点）の為替レートを参考にします。さらに各金融機関は、受け取る手数料を加味して、対顧客電信売相場（TTS：Telegraphic Transfer Selling rate）と対顧

図6-7　外貨預金の仕組み

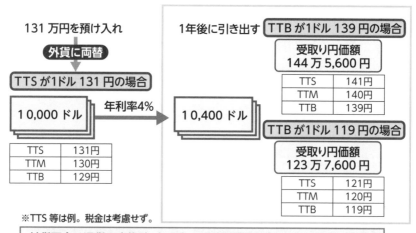

131万円を預け入れ

外貨に両替

TTS が1ドル 131 円の場合

10,000 ドル

TTS	131円
TTM	130円
TTB	129円

年利率4%

1年後に引き出す **TTB が1ドル 139 円の場合**

受取り円価額
144万5,600円

TTS	141円
TTM	140円
TTB	139円

10,400 ドル

TTB が1ドル 119 円の場合

受取り円価額
123万7,600円

TTS	121円
TTM	120円
TTB	119円

※TTS 等は例。税金は考慮せず。

外貨預金は通貨の交換時（2回）に為替手数料がかかる。まず、円から外貨に交換する際に発生する。次に外貨から円に戻す際に発生する。

客電信買相場（TTB：Telegraphic Transfer Buying rate）を決めます。外貨預金の預入時には、「顧客が外貨を買うレート」として TTS を用います。その後、満期時には、「顧客が外貨を売るレート」として TTB を用います。実は TTS と TTB の差が「為替手数料」になります（図６－７）。流通量の少ない通貨ほど、為替手数料は高くなる傾向にあります。

【外貨預金の利回り計算】

為替手数料を含めた利回り計算を通して、TTS と TTB の関係を整理する。以下の外貨預金を１年後の満期時に円で払い戻す時の利回り（税金は考慮せず）を計算する。

[条件]
● １年満期のドル定期預金　年利率４％　預入金額 10,000 ドル
● 預入時の TTS：131 円、TTB：129 円
● 満期時の TTS：136 円、TTB：134 円

[計算式]
● 円換算の預入金額
10,000ドル×131 円（TTS）＝131 万円
● 満期時のドルの元利合計金額
年利４％なので
１万ドル×（１＋0.04）＝10,400ドル
● 満期時の円の受取り金額
10,400 ドル×134 円（TTB）＝ 139 万 3,600 円
● 円に換算した時の利回り
(139万3,600円－131万円)÷131万円×100＝6.381…≒6.38%

　外貨預金にも普通預金や定期預金などの種類があります。円での定期預金と違い、外貨の定期預金は、満期以外での払い出しに制約があ

るのが一般的です。

　通貨もドル、ユーロ、英ポンド、豪ドル、ニュージーランドドル、スイスフラン、香港ドル、タイバーツ、韓国ウォン、中国元など多種にわたります。ただ、通貨の流通量などの関係から、全部の通貨建ての預金をどこの金融機関でも提供しているわけではなく、金融機関や取り扱う支店などによって取り扱う通貨の種類も違います。流通量の少ない通貨の為替手数料は高い傾向にあります。

　日本では考えられない高い金利を付ける新興国通貨の預金の取り扱いもあります。しかし、高金利であるほど、金利以上に為替変動が大きいことに注意しなければいけません。高金利の国の多くで高インフレが進行しており、為替レートが急落する可能性があります。

＜為替先物予約によるリスク軽減＞

　外貨預金では、為替先物予約を行って為替リスクを軽減することができます。預け入れ後に満期時の為替レートを予約することで、円での受取り額を確定できます。為替先物予約後に大幅な円高になっても、満期時には予約した為替レートで円に替えることができ、為替差損を被ることはありません。ただし為替先物予約は、いったん設定すると変更や取り消しはできません。

　また、為替先物予約を行った場合、為替先物予約のコストは２国間（２通貨間）の金利差となります（第７章で詳述）。したがって、預入時に満期時の為替レートを予約すると、結局は同じ期間の円預金のリターンと同じになります。

低い格付けの
外貨建て外債の利回りは高い

　外貨建て外債は、日本の債券と比べて高い利回りで設定されていることが多いので、高いリターンを目指す資産運用として注目されてい

ます。

　利回りは、発行体の信用力で違ってきます。信用力を基準に先進国公社債、ハイイールド債（ジャンク債ともいわれる）、新興国ソブリン債の３つに分けられます（**図6−8**）。信用力の高い先進国公社債は相対的に利回りが低く、ハイイールド債や新興国ソブリン債は相対的に利回りが高くなります。高い利回りが付かないと、投資家に購入してもらえないためです。

図6-8　信用力を基準とした外貨建て外債の分類

【先進国公社債】
米国やユーロ圏などの国債、政府保証債、高格付社債など

安全性・流動性（換金性）が高い
その分、相対的に利率は低め

【ハイイールド債（高利回り債）】
信用リスクが高い企業などが発行する社債など

高格付債と比較して利率が高い
信用リスクの改善が値上がり益につながる可能性

【新興国ソブリン債】
アジア・中南米、中東欧諸国などが発行する国債や政府保証債など

政治・経済情勢など、その国固有のリスクが加わる
その分、相対的に利率は高い

　為替リスクは原理的に、外貨預金とまったく同じです。外貨建て外債の購入時から、為替レートが円安・外貨高になると円換算した償還金（払戻し元金）や利子が増えるので、為替差益が得られます。反対に購入時より円高・外貨安になると円換算した償還金（払戻し元金）や利子が減るので、為替差損が生じます（**図6−9**）。

外国株式（外国企業が発行している株式）も、為替リスクの事情は外貨預金と同じです。外国株式への投資は、グローバルに展開する優良企業や、日本企業以上に成長性の高い企業など対象企業の株価上昇が期待されますが、為替リスクを抱えます。外貨建ての外国株式に円で投資し、その投資で得たリターンを円で受け取るため、投資時点より円安が進むと為替差益が、円高が進むと為替差損が生じます。

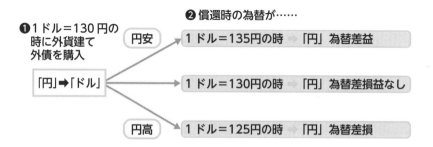

図6-9　外貨建て外債の為替リスク

❶1ドル＝130円の時に外貨建て外債を購入

「円」➡「ドル」

❷償還時の為替が……

円安　　1ドル＝135円の時　➡　「円」為替差益

1ドル＝130円の時　➡　「円」為替差損益なし

円高　　1ドル＝125円の時　➡　「円」為替差損

第7章

外国為替市場と
為替レートの仕組みを
詳しくみてみよう

1

バーチャルで24時間眠らない
外国為替市場

―― 「インターバンク市場」と「対顧客市場」からな
る外国為替市場。

外国為替市場は
建物のないバーチャルな市場

　第7章では、外国為替市場や為替レートの仕組みを見ていきます。
まずは外国為替市場から始めます。

　円をドルに換えるなど通貨を交換する取引を外国為替取引といい、
銀行などの金融機関は外国為替市場で取引を行っています。市場と聞
くと青果や魚を取引する市場や、株を取引する証券取引所のような実
在する建物を思い浮かべるのではないでしょうか。しかし、外国為替
市場は看板を掲げた建物はなく、一箇所に集まって値決めをしている
取引ではありません。

　外国為替市場は、電子的な端末や通信回線で形成されるネットワー
クを介して外国為替取引を行うバーチャルな（目に見えない）取引市
場です。この市場では、銀行などの金融機関、為替ブローカー、中央
銀行（日本では日銀）を中心に売り手と買い手が1対1（相対）の関
係で通貨の交換取引を行っています。外国為替取引は、取引の当事者
同士が納得すれば、どんな為替レートでも取引が成立する「相対取引」
なのです。

　また、外国為替市場は地球規模で展開される市場です。1日の外国

図7-1　世界の外国為替市場

外国為替市場には、株式の取引所とは違って明確な開始・終了時間はなく、おおよその目安となる。

	0	1	2	3	4	5	6	7	8	9	10	11	12	13	14	15	16	17
ウェリントン						■	■	■	■	■	■	■	■	■				
シドニー								■	■	■	■	■	■	■	■	■		
東京										■	■	■	■	■	■	■	■	■
香港											■	■	■	■	■	■	■	■
シンガポール											■	■	■	■	■	■	■	■
フランクフルト	■																	
ロンドン	■	■																
ニューヨーク	■	■	■	■	■	■	■											

(夏時間を表示：日本時間)

　為替取引は地球の自転の関係で、ニュージーランドのウェリントン市場から始まり、東京を中心としたアジアの市場、その後、ロンドンを中心とした欧州の市場に移り、ニューヨーク市場で終わります。そして、ニューヨーク市場が閉まる頃、再びウェリントン市場が開くといった１日中途切れることなく（24時間眠らずに）取引が行われています（**図7－1**）。こうした外国為替市場のなかでも、取引が活発な東京とロンドン、ニューヨークが３大市場と位置付けられています。東京市場、ニューヨーク市場などの呼び方は、取引を行う場所ではなく、活発に外国為替取引を行う時間帯や取引が行われている空間をそう呼びます。

インターバンク市場と
対顧客市場

　外国為替市場は、銀行などの金融機関の間で取引を行う「インター

バンク市場」と、インターバンク市場参加者である銀行などや大手証券会社が顧客（企業・個人）を相手に行う「対顧客市場」とに大きく分けられます。インターバンク市場は、通常100万ドル単位で行われる大口取引の場であり、いわば外貨の卸売市場といえます。これに対して対顧客市場は、銀行などがインターバンク市場で仕入れた外貨を、メーカーや商社、個人などの顧客に小口で分けて売買する小売市場にあたります（**図7−2**）。

図7-2　外国為替市場と参加者

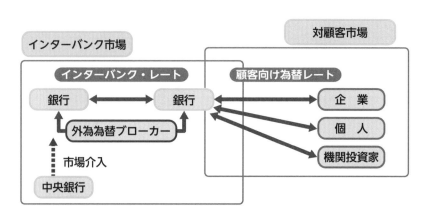

インターバンク市場の参加者は、その名のとおり銀行間の取引が中心ですが、証券会社や保険会社も参加しています。インターバンク市場の取引形態は、金融機関同士が専用端末などで直接取引をする「ダイレクトディーリング（DD）」と、仲介業者である外国為替ブローカーを経由する「ブローカー取引」があります。近年は、ブローカーへの手数料を節約できること、比較的大きな金額を一度に取引できることなどの利点から、ダイレクトディーリングが大勢を占めます。また、インターバンク市場には中央銀行も参加しています。中央銀行は、為替レートが国の経済に悪影響を与えるほど動いた時、為替レートを安定させるために市場介入を行います。

　一方、対顧客市場では、銀行などや大手証券会社が顧客との間で外貨を売買しています。顧客には、貿易取引を行っているメーカー、世界中でプロジェクトを展開する商社のほか、生命保険会社、損害保険会社、投資信託、証券会社などの機関投資家、その他の企業や個人がいます。

2
外国為替市場で決まる
為替レートの仕組み

―― 為替レートには、「インターバンク・レート」と「顧客向け為替レート」がある。

金融機関同士が取引する
「インターバンク・レート」

　為替レートには、外国為替市場で金融機関同士が取引する時の「インターバンク・レート」と、金融機関が個人や企業などの顧客と取引する時の「顧客向け為替レート」があります。前述の「インターバンク市場」と「対顧客市場」にそれぞれ対応します。

　インターバンク・レートは、たとえば「1ドル＝133円10銭〜12銭」として新聞、テレビなどで報道されています。「1ドル＝133円10銭」は、円をドルに換えたい（ドルを買いたい）金融機関が希望する平均的なレートを表示、「133円12銭」は、ドルを円に換えたい（ドルを売りたい）金融機関が希望する平均的なレートを表示しています。ドルを買いたい金融機関が提示する「1ドル＝133円10銭」を「ビッド・レート」、ドルを売りたい金融機関が提示する「133円12銭」を「オファー・レート」といい、ここで表示されるレートは「気配値」です。実際には気配値がそのままの取引レートとなることはなく、金融機関同士がお互いに応じるレートをすり合わせ、当事者同士が合意（納得）して決めます。また、ビッド・レートとオファー・レートの値幅のことを「スプレッド（Spread）」といいます。

　また、通常の為替レートを直物レート（Spot Rate ＜スポット・レート＞）といい、為替先物予約のレートを先物レート（Forward Rate ＜フォワード・レート＞）といいます。先物レートは、将来、通貨を交換する契約において表示されるレートであり、基本的に現在の直物レートと 2 通貨間の金利差により決まります。

　たとえば 1 ドル＝ 128 円の直物レートの場合、 1 年満期の定期預金の金利がドル金利 4 ％、円金利 1 ％だとします。先物レートは、理論的には次のようになります。

　 1 年後のドルの価値は、 1 ドル× 1.04 ＝ 1.04 ドル

　 1 年後の円の価値は、128 円× 1.01 ＝ 129.28 円

　 1 年後のドルと円の価値が同じだとすると、1.04 ドル＝ 129.28 円となり、先物レートは 1 ドル＝ 124.307…≒ 124.31 円になります。

　実際には取引参加者の相場観や円や外貨の需給関係にも影響され、必ずしもこのとおりになりませんが、 2 通貨間の金利差は先物レートに大きな影響を与えます。

　なお、外国為替市場は、地球規模で 1 日中途切れることなく取引が行われているのに、新聞のなどの「外国為替市場の円相場」欄には「寄付」「終値」といったデータが掲載されているのは不思議ですね。実は新聞などの「寄付」「終値」は、日銀が発表している 9 時と 17 時の平均的なインターバンク・レート（取引実勢レート）です。日銀は、東京市場の為替レートの変動に関する情報提供のため、取引時間を便宜上 9 時から 17 時と決めて 1 日の寄付、終値、高値、安値を毎日発表しています。

金融機関と顧客が取引する「顧客向け為替レート」

　顧客向け為替レートは、企業向けと個人向けに分けられます。ここでは個人向けを説明します。まず金融機関ごとに、毎営業日の午前 10

時前（9時55分時点）のインターバンク・レート（取引実勢レート）を基準（参考）に「仲値（TTM；Telegraphic Transfer Middle rate）」を決め、その仲値を基準にその日に適用する4つ為替レートを決めます（**図7－3**）。

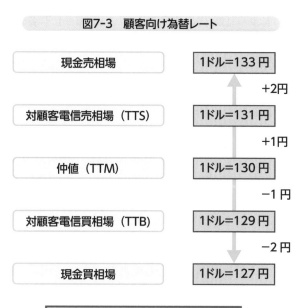

図7-3　顧客向け為替レート

現金売相場	1ドル＝133円
	+2円
対顧客電信売相場（TTS）	1ドル＝131円
	+1円
仲値（TTM）	1ドル＝130円
	−1円
対顧客電信買相場（TTB）	1ドル＝129円
	−2円
現金買相場	1ドル＝127円

手数料の幅は、外貨の種類や取扱金額、さらに銀行によって異なる。

＜対顧客電信売相場（TTS；Telegraphic Transfer Selling rate）＞

　外貨預金への預け入れや海外への送金において、円を外貨に換える時に適用する為替レートです。金融機関から見て、顧客に外貨を売る時に用いる為替レートであり、売相場と呼びます。円をドルに換える時、仲値に一定金額（たとえば1円）を手数料として上乗せすることが一般的です。上乗せする手数料の幅は、外貨の種類や取扱い金額、さらに金融機関によって異なります。取引の少ない新興国通貨は上乗せ幅が厚くなる傾向にあります。

<対顧客電信買相場（TTB；Telegraphic Transfer Buying rate）>

　満期となった外貨預金の外貨や、海外から送金された外貨を円に換える時に適用する為替レートです。金融機関から見て、顧客から外貨を買う時に用いる為替レートであり、買相場と呼びます。ドルを円に換える時、仲値から一定金額（たとえば1円）を手数料として引くことが一般的です。引かれる手数料の幅をめぐる事情はTTSと同様です。

　TTSやTTBは、口座における通貨の交換ですが、その場で現金に交換する場合は別の為替レートになります。

<現金売相場>

　現金売相場は、顧客が円を外貨の現金に両替する時に適用するレートです。金融機関から見て、顧客に外貨を売る時に用いるレートであり、売相場と呼びます。通常、ドルの場合、TTSにさらに数円（たとえば2円）上乗せします。値幅の広がりは、現金だと運送や保管により大きなコストがかかるためです。

<現金買相場>

　現金買相場は、顧客が外貨の現金を円に両替する時に適用するレートです。金融機関から見て、顧客から外貨を買う時に用いるレートであり、買相場と呼びます。通常、ドルの場合、TTBからさらに数円（たとえば2円）引きます。値幅が広がる事情は、現金売相場と同様です。

3

基軸通貨ドルを知ると
外国為替の理解が深まる

—— ドルを介する外国為替取引は、世界の為替取引の
8割を越える。

経済力・軍事力が支える
ドルの基軸通貨体制

　日本経済は米国との貿易によって大きく発展してきました。日本に
とってドルは、身近であり、貿易に欠かせない通貨です。第6章でも
触れましたが、日本が輸出代金をドルで受け取る割合は約52%（財務
省「貿易取引通貨別比率」＜2022年下半期＞）、輸入代金をドルで支
払う割合は約73%（同）にも上ります。対米貿易だけでなく、アジア
諸国との貿易決済にもドルを用いることが少なくありません。こうし
た事情から、日本での外国為替取引の中心は円とドルの交換となり、
ドル／円レートが最も注目されます。

　実は、日本に限らず世界のほとんどの国においても、自国通貨とド
ルの交換が中心となっています。それはドルが通貨のなかで最も信頼
性が高く、広く使われている「基軸通貨」だからです。

　基軸通貨とは何かを説明します。国際的に定められた定義はありま
せんが、次の3点が基軸通貨の条件といわれています。

①　国際的な金融取引における決済通貨として使われていること
②　人々の価値基準として認識される通貨であること
③　外貨準備に使われていること

　これら３条件を揃えている必要がありますが、さらに通貨発行国の経済力・規模、政治力、軍事力なども決め手となります。高度に発達した金融市場や外国為替市場の存在、対外取引規制がないことなどを含め、これら要件に適った通貨、それが米国の通貨であるドルなのです。

　第二次世界大戦前までは、大英帝国の繁栄を背景に英国のポンドが基軸通貨でしたが、戦後はドル基軸通貨体制となり現在に至っています。ドルが基軸通貨となるポイントとして、米国は世界のＧＤＰ（国内総生産）の２割強を占める最大の経済大国であること、米国は最強の軍事力を有する国であること、などが挙げられます。戦争やテロが起きても、米国ならダメージは少なく、簡単にはドルの価値は下がらないだろうというわけです。

信頼感と利便性から 外貨準備として選ばれるドル

　このところドルの信頼が揺らいでいるとの論評が目立つようになりました。しかしながら、ドルの取引量は外国為替市場全体の44％を占めます（図７−４）。ドル／円、ユーロ／ドル、英ポンド／ドルなどのようにドルを介する外国為替取引は、世界の為替取引全体の８割を越え、他の通貨を圧倒しています。米国とは関係のない２国間の取引、たとえば日本がサウジアラビアやカタールなど中東から原油を輸入する取引もドル建てで行われています。

　ドルには、貿易の資金決済や金融取引といった日常的な取引以外でも、準備通貨といった側面もあります。各国通貨当局（政府および中央銀行）の外貨準備における通貨シェアは、ドルは約６割、ユーロは約２割、円は約６％、ポンドは約５％（2021年、国際通貨基金調べ）です。ドルは他を圧倒しています。外貨準備の保有は、為替レートの急変動を抑制して貿易取引を円滑にすること、経済危機などの事態に備えることなどが動機ですが、信頼感と利便性からドルが選ばれています。

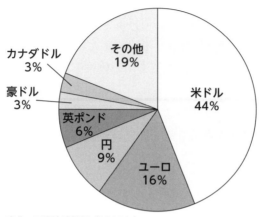

図7-4 外国為替市場の取引量の通貨別内訳

出典：国際決済銀行（2019 年）

　こうしたドルの特性は、「有事のドル買い」につながります。

　大規模な戦争、パンデミック、世界中に連鎖する金融・経済危機などで経済・社会が混乱すると、多くの金融機関はドル買いに向かいます。ドルは世界中で決済通貨として使われているため、とりあえず手許の流動性を確保するためです。

　不安心理が広がると信用不安（金融機関の信用力が低下し、金融機関同士で資金を融通し合わなく状態）に発展することもあります。資金の出し手は信用不安が広がると、なかなかドル資金を出さなくなります。一方、資金の受け手（資金調達側）は、より高い金利を示さないとドルが調達できなくなります。ドル資金の需給が極端にタイト化して、ドルは急上昇します。

ドル以外の通貨同士の交換レート「クロス・レート」

　外国為替取引の中心は「ドルとそれ以外の通貨」との取引です。し

かし、「それ以外の通貨」同士でも外国為替取引は行われます。ユーロ／円、ユーロ／ポンド、ユーロ／スイスフランなど、ドル以外の通貨間の交換レートを「クロス・レート」といいます。さらに、クロス・レートのうち、ポンド／円やスイスフラン／円など、一方が円である為替レートを「クロス円レート」と呼びます。

　理解を深めるため、クロス円レートの計算方法を説明します。クロス円レートの計算方法は、対象通貨の対ドルレートを「掛ける」ことで計算できる組み合わせと、対象通貨の対ドルレートを「割る」ことで計算できる組み合わせがあります。

【対象通貨が「外国通貨建て」の場合】

＊「外国通貨建て」とは…自国通貨1単位に対して外国通貨がいくらかを表示する慣行（例：英国では1ポンド＝△△ドルと表示）

《ポンド／円レートの計算例》
ドル／円レート：1ドル＝ 130 円
ポンド／ドルレート：1ポンド＝ 1.23 ドルの場合
1ポンド≒〔1.23（ドル）× 130（円）〕≒ 160 円

【対象通貨が「自国通貨建て」の場合】

＊「自国通貨建て」とは・・・外国通貨1単位に対して自国通貨がいくらかを表示する慣行（例：スイスでは1ドル＝○○スイスフランと表示）

《スイスフラン／円レートの計算例》
ドル／円レート：1ドル＝ 130 円
ドル／スイスフランレート：1ドル＝ 0.9 スイスフランの場合
1スイスフラン≒〔130（円）÷ 0.9（スイスフラン）〕≒ 144 円

　クロス円レートの計算方法を確認しましたが、円が関係しないクロ

ス・レートでも、各通貨の対ドルレートがわかれば計算できます。すべてドルの介在で成り立っており、ドルが世界の基軸通貨であることを示しています。

通貨の総合的な価値を示す「実効為替レート」

　ここまで2通貨間の為替レートを説明しました。さまざまな通貨が売買される時、ドル／円レートが円高でも、ユーロ／円レートが円安という場面があります。日本円は円高、それとも円安のどちらでしょうか。それを計るモノサシが実効為替レートです。ある通貨の価値が他の国々の多通貨に対して、どれだけ上昇しているのか、低下しているのかを示す指標として「名目実効為替レート」と「実質実効為替レート」があります。

　名目実効為替レートは、特定の2通貨間の為替レートをみているだけでは捉えられない、総合的な為替レートの変動をみるための指標です。具体的には、算出対象とするすべての通貨と円との2通貨間・為替レートを、貿易額などで計った相対的な重要度でウエイト付けして集計・算出します。

　実質実効為替レートは、さらに、対象となる国・地域の物価動向も加味して算出します。物価変動まで考慮しているため、通貨の真の力が反映されると見られています。

　円の実効為替レートは日銀が公表し、各国の中央銀行も自国通貨の実効為替レートを公表しています。また、国際決済銀行（BIS）は、60カ国・地域以上の通貨の実効為替レートを公表しています。

4 世界の通貨と 為替相場制度

── 先進国（OECD 加盟国）は変動相場制を採用。
一方、新興国は変動相場制に移行した通貨、固定相
場制を続ける通貨などさまざま。

変動相場制と 固定相場制の違い

　ここで通貨の歴史をたどります。国際通貨制度は、1973 年に固定相
場制から変動相場制の時代に入りました。これにより先進国（OECD
加盟国）は変動相場制を採用しています。一方、新興国では変動相場
制に移行した通貨、固定相場制を続けている通貨など、さまざまな制
度を採用しています（**図７−５**）。

図7-5　通貨と為替相場制度

		先進国通貨 （OECD 加盟国の通貨とする）	新興国通貨 （OECD 加盟国以外の通貨とする）
変動相場制		日本円、米ドル、ユーロ*、英ポンド、豪ドル、スイス・フラン、カナダ・ドルなど	ブラジル・レアル、インド・ルピー、フィリピン・ペソ、タイ・バーツ、ロシア・ルーブルなど
管理変動相場制			中国人民元、シンガポール・ドル、マレーシア・リンギットなど
固定相場制	通貨バスケット・ペッグ制		<中国人民元などが、この段階を経て現在に至る>
	米ドル・ペッグ制		香港ドル、サウジアラビア・リヤルほか中東産油国通貨など

＊ 欧州 20 カ国において国境を越えて単一通貨として使用

為替相場制度は、一般に経済の成熟度が高まるにつれて固定相場制
⇒管理変動相場制⇒変動相場制と変遷しており、先進国の多くの国は
この道をたどっています。一方、新興国においては先進国のたどった
変遷パターンはみられません。所得水準が上位にある香港は固定相場
制を採用していますが、所得水準が下位にあるフィリピンが変動相場
制を採用するなど、経済面だけで括ることができません。ここで為替
相場制度の特徴などを整理します（図7−6）。

図7-6　為替相場制度の特徴

	特徴	メリット	デメリット
変動相場制	市場の需給から為替レートが決まる	金融政策、資本移動の自由度がもっとも大きい／制度維持のコストが低い	為替レートは不安定
管理変動相場制	上下に広い変動幅など	金融・財政政策の柔軟性がある程度残る	投機を受ける可能性
固定相場制	一国または複数通貨に対して固定	為替レートは安定／貿易取引の安定	金融政策の自由度に制約／長期的には適正レートから乖離することがある

＜変動相場制＞
　為替レートを一定比率に固定せず、外国為替市場の需要と供給によ
り自由に変動させる制度のことをいいます。外国為替市場で外国通貨
（外貨）を交換対象とする自国通貨の売りが増えれば、自国通貨の当
該外国通貨に対する価値が低下（減価）し、反対に自国通貨の買いが
増えれば、自国通貨の当該外国通貨に対する価値が上昇（増価）する
仕組みです。為替レートの急変時などには、通貨当局（政府や中央銀
行）が市場介入により安定化に向けた為替レート操作を行うことがあ
ります。一般に新興国は、市場介入の度合い（程度や頻度）が先進国

よりも大きくなります。

＜管理変動相場制＞

　為替レートの決定を市場メカニズムに任せながらも、通貨当局が市場介入により為替レートの変動幅を一定水準に制限する制度のことをいいます。通貨バスケット（自国通貨とあらかじめ定めた複数の他国通貨間で、自国との貿易量などでウエイト付けして算出する為替レート）を基準にして自国通貨の変動を管理する管理変動相場制が主流となります。海外からの資金流入が増えれば、「外貨売り・自国通貨買い」が生じます。通貨当局は、「自国通貨売り・外貨買い介入」により自国通貨の買い圧力を吸収するため、外貨準備が積み上がります。反対に海外への資金流出が増えれば、「自国通貨売り・外貨買い」が生じます。通貨当局は、「外貨売り・自国通貨買い介入」により自国通貨の売り圧力を抑制するため、外貨準備が取り崩されます。

＜固定相場制＞

　通貨間の為替レートの変動幅を固定または一定水準に維持する制度です。ペッグ（釘で固定すること）制ともいいます。採用国では、為替レートが大きく変動すると貿易による収益が安定しないことから、円滑な貿易を目的として、主として貿易に占める割合の高い通貨との関係を固定します。具体的には、基軸通貨である米国のドルの動きと連動させる「ドル・ペッグ制」と通貨バスケットと連動させる「通貨バスケット・ペッグ制」があります。

5
急激な為替変動を抑える市場介入

—— 変動相場制の国の通貨当局は、外国為替相場の大きな変動や、意図しない方向へ急速に進む時に市場介入を行うことがある。

行き過ぎた円安に介入するドル資金には外貨準備を用いる

　一般に新興国は、市場介入の度合い（程度や頻度）が先進国よりも大きくなる点を指摘しました。ここから変動相場制を採用している先進国の通貨当局（政府や中央銀行）が、為替レートの大きな変動や、意図しない方向へ急激に進む時に行う市場介入（外国為替平衡操作）について説明します。

　日本経済は、円安局面や、円高局面を幾度となく経験してきました。円安局面、円高局面のいずれでも、「変動相場制の為替レートは自由な取引のなかで決まる」といった原則のもと「為替介入せず」といった基本スタンスを続けています。

　しかしながら、急激で行き過ぎた円高や円安が起きて自国経済に悪影響を及ぼす可能性がある時は、悪影響を抑えるために市場介入を実施しています。具体的には、財務省が市場介入の実施を決定し、日銀がその代理人として市場介入事務（外貨資産の売り・買い）を行います。急激な円安と、逆に急激な円高にわけて、市場介入を詳しく説明します。

＜急激で行き過ぎた円安となった場合の市場介入＞

　急激に円安が進むと、原油や原材料などの輸入コストが急上昇します。それにつれて国内物価も上昇し、消費活動などに深刻な影響が生じる懸念があります。財務大臣は市場介入の実施を判断し、日銀に対して外国為替市場で「円買い・ドル売り」の市場介入を行うよう指示します。これによりドルよりも円の需要が増え、ドル／円レートは円高・ドル安方向に修正され、安定することが期待されます。この時介入（ドル売り）に使うドル資金は、「外貨準備高」から支出されます（**図7-7**）。

　外貨準備高は、通貨当局が市場介入に用いる資金であるほか、通貨危機などにより他国に対する外貨建て債務の返済が困難になった場合などに備える公的な準備資産です。日本の外貨準備高は、中国に次ぎ世界第2位で約1兆3,560億ドル（2022年3月末）に達します。

図7-7　外国為替市場への市場介入(外国為替平衡操作)

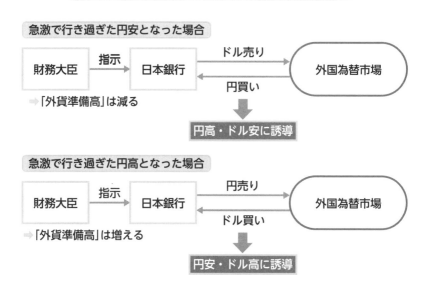

＜急激で行き過ぎた円高となった場合の市場介入＞

　反対に急激で行き過ぎた円高が進むと、輸出型企業にダメージを与え、目先の景気悪化が心配されます。経済の成長パワーを減退させる可能性もあります。財務大臣は市場介入の実施を判断し、日銀に対して外国為替市場で「円売り・ドル買い」の市場介入を行うよう指示します。これにより、円よりもドルの需要が増え、ドル／円レートは円安・ドル高方向に修正され、安定することが期待されます。この時介入（ドル買い）に使う円資金は、財務省が管轄する「外国為替資金特別会計」から支出されます。円資金を貯めているのではなく、その都度、国庫短期証券（国債の一種）を発行して金融市場から調達します。市場介入で買ったドルは「外貨準備高」に組み入れられ、米国債などで保有されます（**図7－7**）。

　ここまで各国の通貨当局（政府および中央銀行）が独自の判断で行う「単独介入」のケースで説明してきました。世界経済の状況により、他国を巻き込んだ「協調介入」を行うこともあります。複数国間の通貨当局（政府および中央銀行）の思惑が合致し、同じタイミングで実施することができれば、市場介入の効果を高めることができます。

第8章

為替レートを動かす
メカニズムを理解する

1 ファンダメンタルズが通貨の需給バランスに影響を与える

―― 為替レートは、超短期には「内外金利差」、短中期には「貿易収支などによる通貨需給の傾き」、長期には「インフレ率」に焦点が当たる。

通貨の需給バランスの変化は為替レートを動かす

　為替レートは、世界経済の動きや国際情勢のなかで、さまざまな要因や思惑を織り込みながら、絶えず変動しています。身の回りのモノの価格が買い手と売り手の「需要と供給のバランス（需給バランス）」で決まるように、為替レートも通貨の買い手と売り手の「需給バランス」で決まります。

　インターバンク市場では、「1ドル＝130円50銭で200万ドル買いたい」「1ドル＝130円55銭で300万ドル売りたい」といった注文が飛び交い、さまざまな取引動機をもった金融機関が通貨を売買しています。インターバンク・レートは、インターバンク市場における通貨の需給バランスにより決まります。

　ドル／円レートでは、ドルを買いたい（円をドルに換えたい）人のほうがドルを売りたい（ドルを円に換えたい）人より多ければ、ドルの需要が増えて円安・ドル高となります。反対にドルを売りたい人のほうがドルを買いたい人より多くなれば、ドルの需要が減って円高・ドル安となります（**図8−1**）。

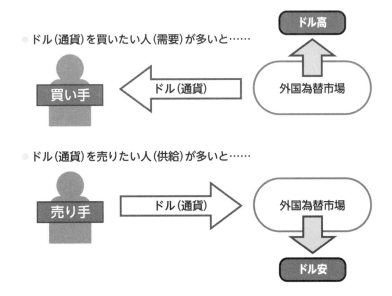

図8-1 為替レートは通貨の需要・供給バランスで動く

● ドル（通貨）を買いたい人（需要）が多いと……

買い手 ← ドル（通貨） ← 外国為替市場 → ドル高

● ドル（通貨）を売りたい人（供給）が多いと……

売り手 → ドル（通貨） → 外国為替市場 → ドル安

経済のファンダメンタルズと為替レートの関係

　通貨の需給バランスは、さまざまな要素から影響を受けます。経済成長率、内外金利差、インフレ率、貿易収支、財政収支などファンダメンタルズ（経済の基礎的な条件）と呼ばれる要素のほか、地政学的リスクや国際的な原油価格の動向など多岐にわたります。こうしたなかで為替レートの決定理論をベースに、3つの時間視野（超短期、短中期、長期）に則して、超短期的（おおよそ日々から月単位のイメージ）な視野から「内外金利差」、短中期的（おおよそ四半期から数年のイメージ）な視野から「貿易収支などによる通貨需給の傾き」、長期的（おおよそ5年、10年といった長期）な視野から「インフレ率」に焦点を当てています（**図8－2**）。この後、順に説明します。

　その際つけ加えておきたいことは、為替レートは金融マーケットの

なかでも、最も予想が難しいとされています。景気や金融政策の局面により、決定理論が示唆している動きから外れることも少なくありません。外貨投資（外貨預金、外貨 MMF、外国投信、外国株式など外貨建て金融商品での運用）においては、投資対象通貨のファンダメンタルズの確認は重要ですが、為替レートに関する決定理論をベースとした視野は、あくまで「理論が示唆する方向」として捉え、複合的かつ総合的に活用していくこととなります。

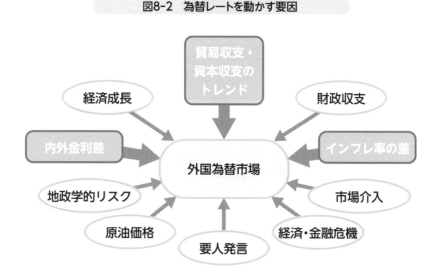

図8-2　為替レートを動かす要因

2

内外金利差の拡大、縮小により 為替レートは敏感に動く

—— 内外金利差が拡大すると、金利の高い国の通貨価値は上昇し、金利の低い国の通貨価値は低下する。

内外金利差に敏感な投資家は 金利の高い方へ資金を動かす

　超短期的な視野では、内外金利差が注目されます。内外金利差に敏感な投資家は、金利が少しでも高い方へ有価証券投資などのかたちで資金を動かします。そのため内外金利差が広がると、資金は金利の低い国から高い国へと流れやすくなります。外国為替市場では、金利の高い国の通貨は買われ、通貨価値は上がります（**図8-3**）。

図8-3　金利と為替レートの関係

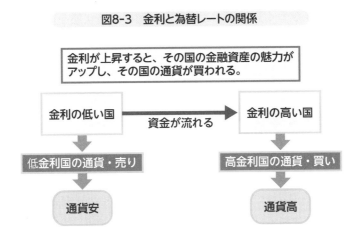

ドル／円レートでは、長く低金利が続く日本に対して、米国の金利上昇は金利差拡大となり、円安・ドル高となります。反対に米国の金利低下は金利縮小となり、円高・ドル安となります。

> **【内外金利差の拡大が外国為替に与える影響】**
> 金利の高い国 ➡ 通貨価値は上昇
> 金利の低い国 ➡ 通貨価値は低下

内外金利差に最も影響を与えるのは各国の政策金利です。政策金利は、物価の安定など金融政策の目的を達成するために、中央銀行が設定する短期金利（誘導目標金利）であり、金融機関の預金金利や貸出金利などに影響を及ぼします。

日本では日銀が原則として「無担保コール翌日物金利」を、米国では連邦公開市場委員会（FOMC：Federal Open Market Committee）がフェデラル・ファンド金利（FF金利：Federal Funds Rate）を政策金利としています。

一般に、景気が良い時は政策金利を高めに誘導し、市場（世の中の）金利の引き上げを促すことで景気の過熱やインフレを抑制します。反対に景気が悪い時は、政策金利を低めに誘導し、資金が個人消費や設備投資に回りやすくします。このように国の経済状態や国内事情により政策金利は変わりますので、政策金利の水準や変化の方向（トレンド）は国により違います。

インフレ初期は10年国債利回り格差と為替レートの相関性が高い

ここで日米金利差のフォローに役立つ指標を見ていきます。それは10年国債利回りの日米の金利差と、2年国債利回りの日米の金利差です。2つの金利差は、インフレや金融政策の局面により、ドル／円

レートとの相関性（連動性）が違います。

　10年国債利回りは、将来の物価変動（インフレやデフレ）を予想して動きます。インフレ率が上昇して、その動きが続くと観測されると、将来の政策金利の上昇を予想して10年債利回りは直ちに上昇します。米国でインフレ率が上昇し始める初期段階では、米国の10年国債利回りから、日本の10年国債利回りを引いた金利差は、ドル／円レートとの相関性が高く、金融マーケットはその金利差に注目します。

　一方、2年国債利回りは、金融政策に対する市場の見方が反映されます。FF金利の上昇局面で追加利上げが予想されると、2年国債利回りは追加利上げを織り込んで敏感に上昇します。FF金利が上昇していく中盤では、米国の2年国債利回りから、日本の2年国債利回りを引いた金利差は、ドル／円レートとの相関性が高まり、金融マーケットの注目度も高まります。こうした変化により「金利差が広がれば円売り・ドル買い」、「金利差が縮まれば円買い・ドル売り」といった判断材料を得ることができます。

投機筋は金利、主要な指標などを材料に 短期的な利益を追求する

　内外金利差の変化に敏感に対応して、為替利益を得るために短期的に外国為替取引を繰り返すことを「投機」といい、これを繰り返す主体を「投機筋」といいます。外国為替市場で取引を行う主体は「投機筋」と「実需筋」に分かれますが、市場全体で取り扱う資金量の8割を「投機筋」が占めるといわれ、極めて大きな影響力をもちます。

　投機筋は、金利、主な経済指標、要人発言などに注目し、短期的な為替レートの動きの見当を付け、通貨の売買により利益を追求します。投機筋には、銀行の為替ディーラーやヘッジファンド、個人投資家（FX投資家）などがいます。なかでも為替ディーラーやヘッジファンドは、短期的に大きな額で外国為替取引を行うため、為替レートを大きく動かします。

一方、実需筋は、後で説明する貿易取引や直接投資など、経済活動に必要な外国為替取引を行う主体です。輸出業者や輸入業者、海外で事業展開するグローバル企業、機関投資家などが実需筋となります。個人が海外旅行や外国株式を購入するため円を外貨に交換する行動も実需筋の行動に入ります。通常これらの取引は、為替変動により利益を狙うといった目的で売買しているわけではないため、目先の為替レートにあまり影響を与えることはありません。

　やはり目先の為替レートの変動をつかむためには、投機筋が何に注目しているかが重要です。投機筋は、米国のFOMCや欧州のECB政策理事会、日本の日銀金融政策決定会合などで示される金融政策の変更などを予想しながら先手を打った行動に出ます。たとえば政策金利の引き上げを予想させる経済指標の変化などが発表されると、直ちにその国の通貨は買われ、通貨価値が上昇する可能性はあります。数多い経済指標のなかでも、米国労働省が毎月第1金曜日に発表する雇用統計は、ドル／円レートに強いインパクトを与えることがあります。雇用統計を含む主な経済指標は、事前に市場予測値が発表され、それに対して良い数字が出ると「円売り・ドル買い」、悪い数字が出ると「円買い・ドル売り」といった具合です。

　そのほか要人発言も注意すべきでしょう。FRBの議長、ECBの総裁、日銀の総裁など中央銀行トップや財務相など要人が、経済や金融に関する気になる発言をした時に為替レートが動くことがあります。投機筋は、常に目先の材料を探して売買の手掛かりにしています。

通貨の金利差から利益を得る「キャリートレード」

　内外金利差に関して、最後に「キャリートレード（キャリー取引）」を見ていきます。

　キャリートレードとは、金利の低い国の通貨で資金を調達し、その

資金をもとに金利の高い国の通貨で運用を行って利ザヤを稼ぐ方法です（図8-4）。

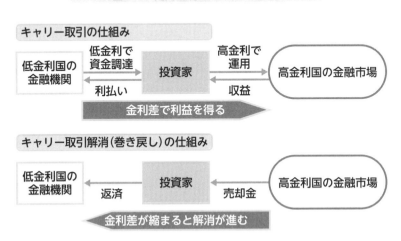

図8-4　内外金利差とキャリー取引

特に円を調達側の通貨とする方法を「円キャリートレード」と呼んでいます。たとえば円で調達した資金をドルに換えて、米国債などの金融資産で運用することで両通貨の金利差が得られます。さらに円安が進めば為替差益が得られるというわけです。もちろん資金返済時には円に戻すので、為替レートの変動には注意が必要です。円キャリートレードでは、為替レートの円高方向への動きや、運用している通貨の利下げが見込まれる場合、いったん利益を確定するため「円を買い戻す」動きが起きることがあります。これを「円キャリートレードの巻き戻し」と呼び円高要因となります。

キャリートレードは、金利差が大きいほど収益を得られ、機関投資家やヘッジファンドといったプロが利用しています。個人でも、一形態としてFXが利用できます。「金利の低い通貨を売り、金利の高い通貨を買う」ことでスワップポイント（金利差調整分）と呼ばれる金利差が得られます。

3
貿易収支の変化(黒字化・赤字化)は為替レートを動かす

——「貿易収支の黒字化」は相対的に自国通貨高になりやすく、反対に「貿易収支の赤字化」は自国通貨安になりやすい。

輸出額と輸入額の差額
「貿易収支」の赤字化は円安要因

　短中期的な視野では、「貿易収支などによる通貨需給の傾き」が為替レートに影響を与えます。貿易収支と「証券投資＋直接投資」に分けて詳しく見ていきますが、その前に国際収支統計における「証券投資＋直接投資」の位置づけを簡単に押さえます。「証券投資＋直接投資」は、**図8-5**のとおり金融収支（資本収支ともいわれる）の構成要素です。金融収支は、海外との金融資産取引の収支であり、①証券投資、②直接投資、③金融派生商品、④その他投資、⑤外貨準備の5つに区分されます。証券投資は、企業経営への直接参加を目的としない資産運用のための投資であり、債券、株式、投資信託などの取引が計上されます。また直接投資は、海外の現地企業に対する経営参加や支配を目的として行う投資が計上されます。

　貿易収支の説明に入ります。貿易取引では、他国へ商品を販売する輸出、他国から商品を購入する輸入ともに外貨が絡み外国為替取引が生じます。その貿易取引において、輸出額と輸入額の差額である貿易収支が注目の指標です。輸出と輸入に分けて、為替レートへの影響を

図8-5　国際収支統計の構成項目

		性格
経常収支	貿易収支	財の輸出と輸入
	サービス収支	サービスの提供による受払い
	第一次所得収支	賃金、利子・配当の受払い
	第二次所得収支	対価を伴わない取引
金融収支 （対外金融資産・ 負債にかかる 取引を計上）	証券投資	値上がり益や利子・配当を求めた投資
	直接投資	相手国の企業の経営に参画するための出資
	金融派生商品	デリバティブ取引のための受払い
	その他投資	貿易信用、円借款など
	外貨準備	外貨準備の増減
資本移転等収支		債務免除、鉱業権・商標権の権利売買など
誤差脱漏		統計の誤差を計上

確認します。

　まず輸出ですが、輸出代金として得る外貨（ドルなど）を自国通貨に換える需要が生まれます。ドル／円レートでみると、輸出額の増加は「円買い・ドル売り」が増えることから、円高要因となります。一方、輸入ですが、輸入代金として外貨（ドルなど）を用意するため、自国通貨を外貨に換える需要が生まれます。ドル／円レートでみると、輸入額の増加は「円売り・ドル買い」が増えることから、円安要因となります（図8－6）。

　輸出や輸入の外国為替への影響は貿易収支に凝縮されます。「貿易収支の黒字化」は相対的に自国通貨高につながりやすく、「貿易収支の赤字化」は自国通貨安につながりやすいことが浮き彫りとなります。

> 【貿易収支が外国為替に与える影響】
> 貿易収支の黒字化 ➡ 通貨価値は上昇
> 貿易収支の赤字化 ➡ 通貨価値は低下

日本では、2010年頃まで安定的に貿易黒字を続けてきましたが、近年は貿易赤字となることも少なくありません。日本経済は、貿易収支では円安に向かいやすいことがわかります。ただ、貿易収支の影響は要因の1つであり、他のさまざまな要因が複雑に絡み合って為替レートを動かしていることにも留意が必要です。

　なお、貿易赤字のほかに、「デジタル赤字」と呼ばれる問題もクローズアップされています。このデジタル赤字は「サービス収支」に含まれます。デジタル赤字における具体的な赤字の中身は、①デジタルトランスフォーメーション（DX）に関する通信・コンピューター・情報サービス、②ネット広告などの専門・経営コンサルティングサービス、③動画・音楽配信を含む著作権などの使用料、などいずれも海外への支払い超過となっています。これらは円安要因として気になります。

図8-6　貿易収支と為替レートの関係

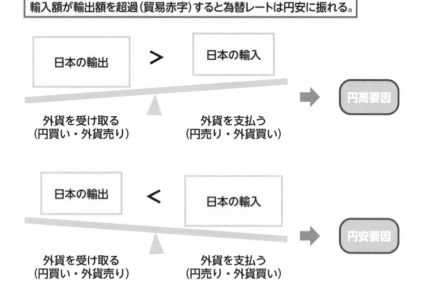

輸入額が輸出額を超過（貿易赤字）すると為替レートは円安に振れる。

日本の輸出　＞　日本の輸入
外貨を受け取る（円買い・外貨売り）　外貨を支払う（円売り・外貨買い）　→　円高要因

日本の輸出　＜　日本の輸入
外貨を受け取る（円買い・外貨売り）　外貨を支払う（円売り・外貨買い）　→　円安要因

「第一次所得収支の黒字」の 急拡大が円高要因とならない理由

　貿易収支に焦点を当てていますが、ここで貿易収支を包括する「経常収支」を説明します（**図8－7**）。日本の貿易収支の黒字は、長期減少傾向をたどり「貿易収支の赤字化」が進んでいますが、それでも経常収支は黒字を維持しています。それは「第一次所得収支の黒字」が経常収支全体を支えるといった構造変化によるものです。

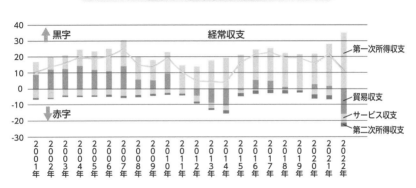

図8-7　経常収支の推移

出典：財務省

　そもそも経常収支は、「貿易収支」「サービス収支」「第一次所得収支」「第二次所得収支」の４つから構成されます。貿易収支は、輸出額から輸入額を差し引いた収支差額。サービス収支は、輸送、旅行、その他サービス（通信・保険・金融・情報・特許などの使用料）といったサービスにかかる受払いの収支差額。第一次所得収支は、主に投資収益（対外金融資産・負債にかかる利子・配当の受払い）などの収支差額。第二次所得収支は、食料、医療品などの無償資金援助といった対価を伴わない支払いをそれぞれ計上します。

　近年、「第一次所得収支の黒字」が急拡大しています。具体的には日

本人が海外投資により得た利益や、日本企業の海外子会社からの配当金などの合計額が、外国人が日本への投資により得た利益や、外国企業の在日子会社からの配当金などの合計額を大幅に上回り、増大を続けています。こうした変化が際立ったトレンドとなっています。ただ為替レートへの影響に着目すると、「第一次所得収支の黒字」は「円買い・ドル売り」にはつながっていません。日本人が海外投資で得た利益は、円に戻さず、そのまま外貨で再投資するほうが主流です。また海外子会社の配当金も円に戻さず、海外生産のコストとして利用する企業が少なくないためです。

　このように日本経済は、かつての貿易黒字国から「第一次所得収支の黒字国」へと構造を変えています。こうした構造変化は、外国為替の需給において円高圧力を後退させています。

4

対外証券投資や日本企業(生産拠点)の海外進出と為替レート

── 近年増えている対外直接投資の増加は円安要因、減少は円高要因となる。

対外証券投資は
対内証券投資を上回り続けている

　「証券投資＋直接投資」が為替レートに与える影響の説明に入ります。

　まず証券投資ですが、証券を購入し、債券の利子や株式の配当（インカムゲイン）を得るほか、安く買って高く売ることで得られる値上がり益（キャピタルゲイン）を狙います。日本の投資家行動と海外の投資家行動で、外国為替への影響は異なります。

＜日本の投資家の行動が外国為替に与える影響＞

　日本の投資家が米国の債券や株式などの購入を増やすと、円を外貨（ドルなど）に換える需要が増えるので、円安・外貨高となります。逆に保有している米国の債券や株式などの売却を増やすと、外貨（ドルなど）を円に換える需要が増えるので、円高・外貨安となります。統計データとして財務省が発表する「対外証券投資」があり、日本の投資家が海外の債券や株式などを購入した金額と、売却した金額の差額が示されます。まとめると、対外証券投資の増加は円安要因、減少は円高要因となります。

＜海外の投資家の行動が外国為替に与える影響＞

　海外の投資家が日本の債券や株式などを購入する時の影響は、日本の投資家の行動と真逆です。購入増加は、ドルなどの外貨を円に換える、つまり円買い需要が増えますので、円高・外貨安となります。売却増加は、円安・外貨高となります。財務省発表の「対内証券投資」では、海外の投資家が日本の債券や株式などを購入した金額と、売却した金額の差額が示されます。まとめると、対内証券投資の増加は円高要因、減少は円安要因となります。

【証券投資が外国為替に与える影響】

対外証券投資 （例：日本人の外貨投資など）

増加 ➡ 円安要因　減少 ➡ 円高要因

対内証券投資 （例：外国人の円投資など）

増加 ➡ 円高要因　減少 ➡ 円安要因

　「対外証券投資」と「対内証券投資」は、2000年以降でみるとコンスタントに「対外証券投資＞対内証券投資」といった関係が続いています。証券投資全体は、長く円安要因となっています。

　ここまで有価証券の購入や売却を説明例としましたが、外貨預金も同様の影響を外国為替に与えます。外貨預金をする時、円と外貨の交換から預金受け入れまで、窓口となった金融機関が一貫して行います。そのため外国為替の交換を意識しませんが、外国為替取引を伴っています。外貨預金を含めて「外貨建て金融資産」の購入・売却は外国為替に影響を与えるのです。

対外直接投資により
マネーが流出すると通貨価値は下がる

　直接投資は、日本企業による海外への「対外直接投資」と、海外企

業による日本への「対内直接投資（対日直接投資ともいわれる）」に分かれます。対外直接投資、対内直接投資の順に見ていきましょう。

＜対外直接投資が外国為替に与える影響＞

　対外直接投資では、たとえば海外に工場を建てる場合、土地購入・工場建設・機械購入などの費用は、通常その代金を現地通貨で支払いますので、円を現地通貨に換える必要があります。円を売って外貨を買う需要が増え、円安要因となります。財務省発表の「対外直接投資」では、日本企業による海外への投資等の金額と、投資の撤収・売却等の金額の差額が示されます。対外直接投資の増加は円安要因、減少は円高要因となります（**図8−8**）。

図8-8　直接投資と為替レートとの関係

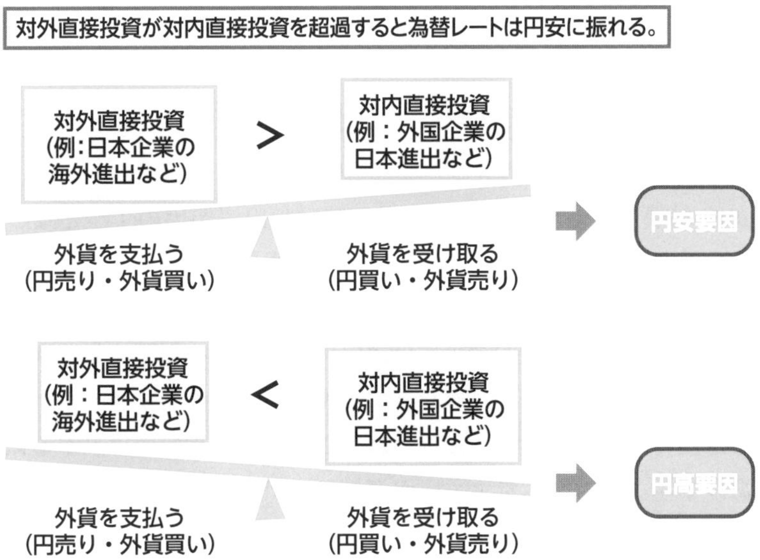

対外直接投資が対内直接投資を超過すると為替レートは円安に振れる。

| 対外直接投資
（例：日本企業の
海外進出など） | ＞ | 対内直接投資
（例：外国企業の
日本進出など） | ⇒ | 円安要因 |

外貨を支払う
（円売り・外貨買い）　　外貨を受け取る
（円買い・外貨売り）

| 対外直接投資
（例：日本企業の
海外進出など） | ＜ | 対内直接投資
（例：外国企業の
日本進出など） | ⇒ | 円高要因 |

外貨を支払う
（円売り・外貨買い）　　外貨を受け取る
（円買い・外貨売り）

＜対内直接投資が外国為替に与える影響＞

　対内直接投資では、たとえば外国企業が日本に進出して、日本側が

円を受け取るまでには、外貨を円に換える必要があります。つまり、外貨を売って円を買う需要が増え、円高要因となります。財務省発表の「対内直接投資」では、海外企業による日本への投資等の金額と、投資の撤収・売却等の金額の差額が示されます。対内直接投資の増加は円高要因、減少は円安要因となります（**図8-8**）。

　日本企業は、長く続いた円高局面で、円高リスク（輸出競争力の低下など）を軽減しようと、生産拠点の海外移転（海外に工場を建てる）を進めました。たとえば米国などの大きな消費地で生産すれば、そのまま販売することができ、為替リスクがありません。新興国へ工場を移転して現地で原材料や労働力を調達すれば、生産コストを抑えられるといった具合です。

【直接投資が外国為替に与える影響】

対外直接投資（例：日本企業の海外進出など）

　　増加 ➡ 円安要因　　減少 ➡ 円高要因

対内直接投資（例：外国企業の日本進出など）

　　増加 ➡ 円高要因　　減少 ➡ 円安要因

　2012年頃から対外直接投資は増え続け、円安要因の1つとなっています。だた、日本の工場は閉鎖され、日本国内の雇用が失われるといった負の側面は「産業の空洞化」として新たな課題となります。

　「証券投資」と「直接投資」に分けて外国為替への影響を見てきました。改めて大局的なまとめをします。投資資金（投資マネー）が多く集まる国の通貨は、たくさん買われることから通貨価値は上がる傾向にあります。反対に投資マネーが海外に流出している通貨は、売られやすくなることから通貨価値は下がる傾向にあります。

5 長期的にはインフレ率の高低が 為替トレンドを決める

── 低インフレ国の通貨は強くなり、高インフレ国の通貨は弱くなる。

長期的にはインフレ率の高い国の 通貨価値は下がる

　長期的な視野では、インフレ率があります。結論を先取りすると、低インフレ国の通貨は強くなり、高インフレ国の通貨は弱くなる傾向があります。

```
【インフレ率が外国為替に与える影響】
低インフレ率 ➡ 通貨価値は上昇
高インフレ率 ➡ 通貨価値は低下
```

　インフレと外国為替の関係をみる経済理論に「相対的購買力平価説」があります。2国間のインフレ率の違いにより、為替レートが決まることを説明しています。高インフレのA国と、物価がほとんど変動しないB国を想定します。A国はインフレが進み、お札1枚のモノを買う力（購買力）がどんどん落ちていきます。一方、B国は物価の安定により、お札1枚のモノを買う力はほぼ一定です。為替レートは通貨の強弱を反映しますので、A国とB国の間の為替レートは、相対的にA国通貨は弱くなり、B国通貨は強くなります（**図8-9**）。以上が「相

対的購買力平価説」の説明です。ただ、この経済理論は、国により異なる関税や消費税の差を考慮できないなどの欠点があり、厳密には成り立たないとの指摘もあります。

それでは「相対的購買力平価説」を日米２カ国に当てはめましょう。少なくとも過去20年以上の長期にわたり、米国のインフレ率は日本のインフレ率を上回っていることから、**図8-9**におけるＡ国は米国、Ｂ国は日本に置き換えられます。相対的購買力平価説によれば、長期的なトレンドは円高・ドル安を示唆しています。

現実の為替レートが、相対的購買力平価の示す為替レートから大きく乖離している場合、長期的には相対的購買力平価に近づく形で為替レートの調整が起きる可能性があります。たとえば足もとの為替レートが、内外金利差（海外は高金利・日本は低金利）から円安に向かっているとします。一方、長期的な為替レートは、インフレ率の差（海外は高インフレ・日本は低インフレ）から円高を示唆しているとします。このように相反する場合、長期的にはギャップを縮める方向へ調整圧力が働く可能性があり、先行きを判断する材料の１つとなります。

図8-9 インフレ率と為替レートの関係

高インフレ国 （Ａ国）	低インフレ国 （Ｂ国）
↓	↓
通貨の購買力の低下 ➡ 通貨価値は低下	通貨の購買力の上昇 ➡ 通貨価値は上昇
↓	↓
為替レートの下落	為替レートの上昇

※ここでの低下、上昇などは、2つの通貨の間の相対的な関係をいう。

第9章

相場急変リスク！
その裏にある
経済・金融の構造変化

1
新興国通貨と
経済・通貨危機のメカニズム

—— 新興国通貨には、為替レートが急落するリスクがある。

新興国通貨は
一般に通貨当局の規制が強い

　新興国を対象とする外貨投資は、新興国経済に対する高い成長期待が根底にあります。しかしながら新興国通貨は、米国の金融政策などに左右され、大きく変動することも少なくありません。かつて経済・通貨危機に巻き込まれ、急落した通貨もあります。新興国通貨の為替レートは、それぞれの国が途上国モデルから先進国モデルへ移行するなかで、不安定さは否めません。新興国通貨の特徴・留意点を改めて説明します。

　まず、新興国の通貨当局（政府や中央銀行）は、為替レートの変動を管理する傾向が強いといえます。先進国通貨の為替レートは、基本的に経済のファンダメンタルズ（内外金利差、貿易収支などの資金フロー、インフレ率格差など）に基づいて外国為替市場で決まりますが、新興国通貨の為替レートは、一般に通貨当局（政府や中央銀行）の規制が強いことが特徴です（**図9-1**）。

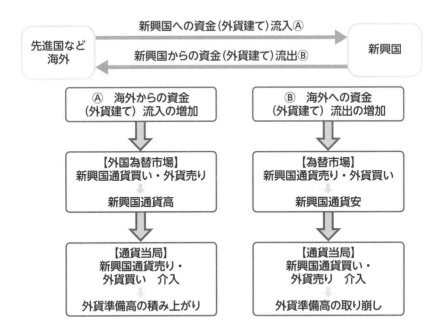

図9-1 新興国の通貨当局における為替管理の仕組み

資金流出による通貨安は
外貨建て債務の返済負担を増大させる

　新興国通貨には、為替レートが急落するリスクがあります。歴史上、特定の新興国通貨の急落に端を発して、他国を巻き込んだ経済・通貨危機がたびたび起きています。1997年のタイ通貨バーツの暴落を発端とするアジア通貨危機では、タイの危機が瞬く間にマレーシア、インドネシア、韓国などに広がりました。すべての新興国通貨にそのリスクがあるわけではありませんが、危機に至った背景やメカニズムを掴んでおくことは有益です。グローバルな分散投資において、新興国への投資を判断する際、その一助となります。

【過去の新興国通貨に端を発する経済・通貨危機（例）】

新興国は、活発な設備投資や不動産投資などによる経済成長の裏側で、海外の金融機関や投資家から多額の外貨資金を借入れている。過度な外資への依存から外貨建て（主としてドル建て）債務残高が膨らんでいる国も少なくない。

何らかの経済ショックをきっかけに、外貨資金が急激に国外へ流出。これにより為替レートは急落（自国通貨安）し、外貨建て債務の返済負担が増大（自国通貨換算での支払いが増加）。通貨当局が市場介入（自国通貨買い・外貨売り）し、自国通貨安を防ごうにも、市場介入に必要な外貨準備（通貨当局が市場介入に用いる外貨資産）が十分でないなど対応に限界が生じた。

新興国企業の債務返済負担が深刻化すると、新興国の金融機関において不良債権の急増、さらに金融機関の破たんや深刻な景気後退に至る。周辺諸国にも、経済・通貨危機が波及。

新興国は過去の教訓を踏まえ、危機の再発防止への取り組みを進めています。企業においては、対外債務の削減、債務の自国通貨建てへのシフトなど。通貨当局においては、外貨準備の積み増し、近隣諸国との通貨スワップ協定（市場介入に用いる外貨資産の融通体制の構築）などの金融協力の強化などが挙げられます。

2

FRBの政策転換や地政学的 リスクの高まりで揺れる新興国通貨

―― 地政学的リスクの高まりなどで市場心理が冷え込むと、一般に新興国の通貨を売って、先進国の安全と見られる通貨が買われやすい。

新興国の警戒心を高める FRBの金融政策の転換

　米国の金融政策は、世界経済に大きな影響を与えます。特に金融緩和局面からの政策転換（政策金利の利上げなど）に向かう局面では、新興国経済に与える悪影響、とりわけ新興国通貨の急落などに注意が必要です。

　米国の利上げは、他の先進国も追随することが多く、新興国（金利の水準は一般的に高い）と先進国との金利差は縮小に向かいます。相対的に金利が上昇した先進国への資金移動が促され、新興国から資金が流出することで新興国通貨安となる傾向があります。

　こうして引き起こされた新興国の通貨安は、新興国の外貨建て債務の返済負担増（たとえば1ドルの借金を返済するため、たくさんの自国通貨を要する）や、輸入価格の上昇を通じたインフレの加速もあり、新興国経済への悪影響が懸念されます。

　かつて2013年5月に当時のバーナンキFRB議長が、金融緩和状態からの転換に着手する可能性に言及したところ、これを引き金とした世界的な金融市場の混乱（動揺）が生じました。通貨の理解が深まる

出来事として振り返ります。

【2013年のFRB金融引き締め観測と新興国通貨】

◆　米連邦準備制度理事会（FRB）は、リーマン・ショック（2007年から2008年の金融恐慌）で落ち込む経済や金融を立て直すため、踏み込んだ大規模な量的金融緩和（2008年〜2013年）により、大量のマネーを市場に供給。これにより、世界的な規模で余剰マネーが生じ、成長の期待される新興国に大量の投資マネーとして流入。大規模な金融緩和を進める日本など他の先進国からも、投資マネーが新興国に向かった。新興国では経済活動が活発となり、株価や地価が急上昇、ブラジルレアル、インドネシアルピア、トルコリラなどの通貨高も進んだ。

◆　その後、FRBが正常化に向けて金融政策を転換する時に経済ショックが発生。2013年5月に当時のバーナンキFRB議長が、今後、幾度かの金融政策決定会合を経て、債券の購入金額を徐々に減らす量的緩和縮小（「テーパリング」と呼ばれる）に着手する可能性に言及。これに反応した投資マネーは新興国から流出し、金融マーケットは大きく動揺（「バーナンキ・ショック」と呼ばれる）。米国の金利が相対的に高くなることで、新興国への投資妙味（メリット）がどんどん薄れ、新興国通貨が急落した。

　こうした金融マーケットの動揺といったトラウマから、その後のFRBの金融引き締め転換は、金融マーケットの反応や世界経済への悪影響に注意を払うなど「慎重さ」がみられます。

　実はこうした事態には続きがあります。数年後、新型コロナ・ショックに対する大規模金融緩和（2020年〜2021年）から正常化へ転換する際、FRBは2021〜22年に進む歴史的な高インフレを抑えるための金融引締めに出遅れました。FRBの「慎重さ」が仇となったのです。結局、異例にハイピッチな政策金利の利上げとなり、政策転換のタイ

ミングの難しさが浮き彫りとなりました。

地政学的リスクの高まりで
マネーは安全資産に向かう

　紛争やテロによって資源価格が急上昇すると、企業業績の悪化などにより世界経済に悪影響を与えるとともに、投資家の投資意欲も減退します。特定国・地域の抱える政治的、軍事的、社会的な緊張の高まりを一般に「地政学的リスク」といいます。地政学的リスクと金融マーケットの関係を見ていきます。

　金融マーケットでは、地政学的リスクが高まると市場心理が冷え込むことから、投資家の行動は慎重になり安全志向となります。安全資産に資金がシフトしやすい相場の情勢や地合い（雰囲気）をリスクオフ（risk off）と呼びます。逆の相場の情勢などはリスクオン（risk on）と呼ばれ、対で用いられています。

　リスクオフ時の投資行動は、一般に株式や商品（コモディティー）、ハイイールド債（信用格付けの低い債券）などリスク性資産から、信用

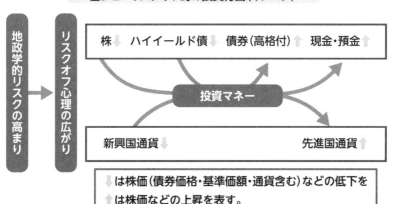

図9-2　リスクオフ時の投資行動(イメージ)

度の高い債券（先進国の国債など）や預金など安全資産に資金をシフトさせます（**図9−2**）。通貨においても、新興国の通貨（ブラジルレアル、トルコリラ、インドルピーなど）を売って、先進国の安全と見られる通貨（米ドル、日本円、ユーロ、スイスフランなど）が買われやすくなります。株などの動きと通貨の動きは、表裏の関係にあります。たとえばブラジルの株などに投資する投資信託を売却して、ひとまず日本の銀行預金に資金をシフトさせるとします。この場合、株が含まれたハイリスクな金融商品から、預金といった安全資産にマネーが動くとともに、「円買い・ブラジルレア売り」といった外国為替取引も生じます。

　通貨の視点でまとめると、「地政学的リスクの高まりは新興国通貨安につながる」となります。

3
有事の円高が
進みにくくなった理由

—— 対外純資産を構成する直接投資残高は、2012年頃から急増し、2015年には証券投資残高を逆転し、拡大を続けている。その直接投資残高は、有事となっても安全資産にシフト（資金待避）しない傾向がある。

背景にある
対外純資産の構造変化

　有事となると円高が進む傾向は、少し薄れています。その背景を見ていきましょう。

　まず過去の「有事の円高」を振り返ります。2008年リーマン・ショック時には1ドル110円台から90円台へと大幅な円高に、2011年の東日本大震災時には82円台から77円台へと5円あまりの円高となりました。安全資産としての円買いにより、一時的に円高が進むといった現象が起きました。その後も、2015年6月の中国株の大暴落、2016年6月の英国のEU離脱決定（ブレグジット）といった国際金融市場における不確実性の高まりや、度重なる北朝鮮のミサイル発射実験により、一時的な「有事の円高」が繰り返されました。

　そもそも有事の円高はなぜ起きるか、その説明から入ります。それは、日本が世界最大の対外純資産国であることが背景にあります。日本企業や政府、個人が海外に持つ資産から負債を差し引いた対外純資産残高（**図9－3**）は、経常黒字の累積結果であり、その額は400兆

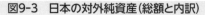

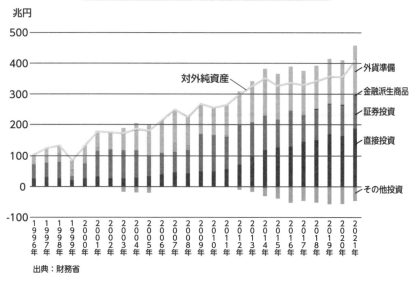

図9-3　日本の対外純資産（総額と内訳）

兆円

500
400 — 外貨準備
300 — 金融派生商品
　　　 証券投資
200 — 直接投資
100
0 — その他投資
-100

対外純資産

1996年 1997年 1998年 1999年 2000年 2001年 2002年 2003年 2004年 2005年 2006年 2007年 2008年 2009年 2010年 2011年 2012年 2013年 2014年 2015年 2016年 2017年 2018年 2019年 2020年 2021年

出典：財務省

円を越え 31 年連続で世界第 1 位をキープしています。このように、日本企業や投資家が保有する「外貨建ての対外資産」が、膨大な規模に膨らんでいます。日本は海外に沢山資産を保有していて、海外からはあまり資金を借りていない、ということでもあります。海外に資産を持たなくても、国内に資金需要があれば国内資産で保有すればいいのですが、国内需要（投資機会）の不足が根底にあります。

　この対外純資産残高は、「価格変動リスク」「信用リスク」「為替リスク」などのリスクに向き合っています。有事の発生や、懸念される報道があると、対外資産の一部を安全資産としての円資産にシフトさせる動きが生じます。「円資産＝安全資産」の背景には、経常黒字国（近年、経常黒字幅は縮んでいるが）であり信頼性が高いこと、換金しやすく流動性があること、などが挙げられます。有事に関する報道があると、外貨建ての対外資産を売って、円資産として手元に戻す「リパトリエーション（repatriation：外国への投資資金の自国還流）」が起きやすくなります。実際に短期の投機筋らが、思惑・観測を背景に反

射的・瞬発的に円を買い、その後売り戻すことで利益を得るといった行動に向かいます。以上が「有事の円高はなぜ起きるか」の理由です。

それでは、「（2017年以降）有事の円高が進みにくくなった理由」の説明に入ります。

対外純資産は外貨準備を除くと、証券投資残高（債券、株式など有価証券への投資残高）と直接投資残高（企業が株式取得、工場を建設し事業を行うことなどを目的とする投資残高）が大半を占めます。ポイントは、「証券投資残高＞直接投資残高」といった関係が、2015年から「証券投資残高代＜直接投資残高」と構造変化した点です。

2000年代前半においては、対外純資産はその大半が証券投資残高、具体的には米国債や米国株式などでした。2012年頃から、日本から海外への直接投資残高（日本企業による海外企業の買収など）が急増しました。直接投資残高は、2015年に証券投資残高（2009年をピークに緩やかに減少）を上回り、その後も拡大を続けています。

有事の円高が起きにくくなった鍵は、「直接投資残高は安全資産にシフト（資金待避）させる動機が乏しい」ことです。証券投資残高からは、外貨建ての有価証券を売却して、一時的に安全資産にシフトすることは起きやすい現象です。一方、直接投資残高は、生産拠点の海外移転など長期的、計画的な投資行動であり、安全資産への一時的なシフトなどは念頭に置いていません。

直接投資残高のウエイトが高まり、有事の報道のたびに反応することなく、対外資産を保有し続ける（円転換しない）傾向が強まっています。これが有事の円高が進みにくくなった背景にあると考えられます。

MEMO

MEMO

〈著者プロフィール〉

小松 英二 (こまつ・えいじ)

CFP® FP事務所・ゴールデンエイジ総研 代表 経済アナリスト

1958年長野県松本市生まれ。1981年筑波大学卒業後、日本銀行入行。景気動向調査、対金融機関・対政府の金融業務、決済システム開発などに携わる。その後2007年4月にFP事務所を開業し、資産運用、相続対策を中心に相談業務を展開。生活者向けセミナー、企業・金融機関の社内研修などの講師も務める。帝京大学経済学部非常勤講師として金融教育にも従事。

はじめての金利×物価×為替の教科書

2023年9月8日 初版第1刷発行
2024年5月10日 初版第2刷発行

著 者 小松 英二

発行者 延對寺 哲

発行所 ㈱ビジネス教育出版社

〒102-0074 東京都千代田区九段南4-7-13
TEL 03(3221)5361(代表)／FAX 03(3222)7878
E-mail▶info@bks.co.jp URL▶https://www.bks.co.jp

落丁・乱丁はお取替えします。 印刷・製本／モリモト印刷株式会社
装丁・DTP／有留 寛

ISBN 978-4-8283-1030-5 C2033